地域づくり叢書 3

ジオツーリズムと
エコツーリズム

深見　聡

古今書院

Geotourism and Ecotourism

Satoshi FUKAMI

Kokon-Shoin Publisher, Tokyo, 2014

は し が き

　21世紀は「観光の世紀」と言われて久しい．確かに，過疎・高齢化の進行による交流人口の確保，その土地固有の地域資源を活かした地域づくりの取り組みは，全国至るところで注目され，具体化が進められている．とくに，地域が主役となる着地型観光について，その必要性を指摘する声に異論はないだろう．

　観光は，外部からの来訪者なくして成立しないし，みどころとなる観光対象，観光資本，これら3つの要素は不可分の関係にある．たとえば，観光資本の立場には旅行会社や運輸，宿泊業者が位置づけられる．旅行会社は当然ながら利益を得るための行程を組み立てる．それに附随して運輸，宿泊業者が観光客や旅行会社のニーズに応えるべく運行体制や施設整備などのサービスを展開してきた．この三位一体の仕組みが，わが国の観光を長い間支えたのである．

　それに対して，着地型観光の台頭の背景には，これまでの観光の展開における問題点を克服しようという意図が存在していると思われる．それは，観光対象となる地域社会（コミュニティ）が主体性をもって観光客を迎え入れてきたかという強い疑問が，各地で課題として顕在化してきたことへのアンチテーゼととらえることができる．本書で扱っている屋久島は，そのような事例のなかでも最もよく知られた地域であろう．地域の人びとは，自然環境の利用や保全をしつつ宮之浦岳など連なる峰々を神聖なものと考え，過度な自然の利用を戒めてきた．ところが，世界遺産登録以降，ゴールデンウイークや夏休み期間を中心に島外から観光客が押し寄せ，縄文杉の周辺は登山者渋滞が発生するようになった．静寂の森の空間は，瞬く間に観光客による喧騒の空間と化してしまった．ようやく，近年になって環境負荷量への問題意識が観光客にも浸透しつつあるが，その間に縄文杉周辺には柵が設けられ地元の住民でさえ近寄れなくなった．し尿処理は自然埋設の限度を超え，住民有志が無償で搬出ボランティアを行っている．このように，地域資源の観光資源化において地域社会はなお

ざりにされてきた結果，持続可能な観光の展開が危ぶまれる事態が各所で発生している。

本書で取り上げたジオツーリズム，エコツーリズムは，地域が主役となる着地型観光の代表的な形態として知られる。新たな箱モノを建設したり，観光資源を一方的に利用したりするのではなく，地域にあるものを持続的に提供することを基本とする。そして，地域が受け入れられる範囲内で展開する，自然環境と人間環境の調和的共生を強く意識した観光である。

ジオツーリズムは，ジオパークをはじめとする地域で，地質的遺産や地形，地質のうえに成り立ち形成されてきた文化や歴史を「大地の遺産」と位置づけ，地域の人びとと触れ合う観光である。ジオツーリズムに関する邦語の書籍は，エコツーリズムにくらべて極めて少ないのが現状である。エコツーリズムは，地理学をはじめ経済学・生物学など多岐にわたる分野から議論の蓄積がなされてきた。ジオツーリズムと比べると，一般的な知名度も高く，「エコ」という言葉の響きもあってか，地域の環境に配慮した観光というイメージが定着したといってよい。しかし，机上で語られる理想と，エコツーリズムの対象地域でみられる現実との乖離に驚かされることも多い。名ばかりエコを謳い，資源を未来につなぐ意識の醸成には程遠い実態も決して少なくない。

このような問題意識から，筆者は編著者の1人として2010年に『観光とまちづくり-地域を活かす新しい視点』を出版した。この書籍を出版した際の目的も，地域が主役となる観光の希求にあった。幸い，多くの方に手に取っていただいたが，数年が経過し，観光をめぐる議論，とりわけジオツーリズムとエコツーリズムに関する内容はさらに深まりを持つようになった。前著にはジオツーリズムについてわずかしか扱えなかった。また，エコツーリズムもその真正性や環境負荷の軽減策の検討に関する研究の進展がみられた。そこで，今回この2つの観光形態を主題に据えた書籍刊行を手掛けることにした。これまでジオツーリズムとエコツーリズムを1冊にまとめた邦語の書はなく，これら問題意識の提起をいち早く行いたいという一心であった。読者の皆様には，少しでも本書出版の意図する視点をくみ取っていただけたら，筆者にとってこれ以上の喜びはない。

本書は大きく3つの構成から成っている。

　1つ目は，本論に入る前に，地域が主体となった持続可能な地域づくりの必要性について，筆者がNPO法人代表，大学教員としてそれぞれ感じてきたことを中心に論じている。

　2つ目は，第I部（第2～6章）としてジオツーリズムと地域の現状に迫った。ジオツーリズムはわが国において比較的新しい観光形態であることから，ジオパークとジオツーリズムの成立過程を踏まえたうえで，島原半島や鹿児島県三島村，ジオパーク先進地として知られる中国の事例研究をまとめた。

　3つ目は，第II部（第7～11章）としてエコツーリズムの現状に迫った。世界遺産・屋久島は，わが国におけるエコツーリズムの代表的な展開地である。その蓄積のある一方で，自然環境の劣化などさまざまな課題も表出している。観光客や地域がこの現状をどのようにとらえ今後いかなる針路をとるべきか論じた。その他にも，対馬，水俣，星野といった，公害，自然災害の発生でその名を知られた，いわゆる条件不利の下で模索されるエコツーリズムの諸相を追い，着地型観光としてのエコツーリズムの重要性を再確認している。

　本書に収録した研究成果のうちアンケート調査は，筆者とゼミ生とでともに実施した成果である。協力してくれた学生はもちろん，調査に応じてくださった回答者の皆様にこの場を借りて深く御礼申し上げる。

　最後に，本書を制作するにあたって，株式会社古今書院の橋本寿資社長，編集部の関 秀明氏，編集過程では株式会社オフィスバンズの森 高宏氏に大変お世話になった。ここに厚く感謝の意を表したい。

2014年8月
文教キャンパスの深緑を望みつつ
深 見　　聡

目　次

はしがき　i

第1章　地域資源を活かした観光による地域づくりへの視点 …………… 1
1. 探検の会での実践から　1
2. 長崎大学と小浜温泉エネルギーの連携　5
3. 地域資源を活かした観光による地域づくり　7

第Ⅰ部　ジオツーリズムと地域

第2章　ジオパークの定義と類似制度の概観 ……………………… 12
1. ジオパーク制度誕生の背景　12
2. ジオパークの定義　14
3. ジオパークの類似制度の概観　16

第3章　ジオパークとジオツーリズムの成立に関する考察 …………… 21
1. ジオパークに関する認識の現状　21
2. わが国におけるジオパークの現状　22
3. ジオツーリズムの定義と近年の潮流　26
4. ジオパーク，ジオツーリズムの抱える課題　28
5. ジオパークによる観光振興のフレームワーク　30
6. 求められる地学教育・自然地理学教育の充実　32
7. 地域に根ざしたジオパークとジオツーリズムを目指して　34

第4章　小規模島嶼におけるジオパーク構築の可能性
── 三島村ジオパーク構想を事例に ── ……………… 39
1. 新しい島嶼観光としてのジオツーリズム　39
2. 研究対象地域（薩摩硫黄島）の概要　41
3. 三島村ジオパーク構想とは　43
4. 調査結果（1）── 三島村ジオパーク構想に関する聞き取り　44
5. 調査結果（2）── ジオパークやジオツーリズムに関する住民意識　48
6. 考察 ──「大地の遺産」と「合意形成」に向けた議論　50
7. これからの島嶼におけるジオパークの役割　52

第5章　島原半島ジオパークにおける体験型フィールド学習と地理教育
── 長崎大学環境科学部「地域力再生プロジェクト」の事例から ──
……………… 54
1. フィールド学習の舞台としてのジオパーク　54
2. 課外科目「地域力再生プロジェクト」の概要　56
3. 課外科目「地域力再生プロジェクト」実施のようす　59
4. 考察 ── 体験型フィールド学習の意義　65
5. ジオパークにおける地理教育の充実を　67

第6章　ジオパーク"先進地"・中国におけるジオツーリズム
── 伏牛山世界ジオパークの事例から ── ……………… 71
1. 持続可能な地域づくりとジオパーク　71
2. 中国のジオパークの概要　76
3. 伏牛山世界ジオパークの概要　77
4. 聞き取り調査実施地（白雲山ジオサイト）の概要　79
5. 調査結果 ── 観光客と管理者の意識　82
6. 考察 ── 両者の意識からみた特徴とジオパークの将来　85
7. これからの中国におけるジオパークの役割　88

第Ⅱ部　エコツーリズムと地域

第7章　世界遺産・屋久島を訪れる観光客の環境保全意識　‥‥‥‥‥‥‥‥‥‥‥‥‥‥ 92

1. 世界遺産登録によるインパクト　93
2. 調査結果 —— 屋久島を訪れる観光客へのアンケート　96
3. 考察 —— 調査結果の背景にある観光客の意識　104
4. 望まれる環境教育プログラムの確立　109

第8章　世界遺産・屋久島にみる環境保全と観光振興のジレンマ ‥‥‥‥‥‥‥‥‥‥‥ 115

1. 世界自然遺産登録地に課せられた課題　115
2. 縄文杉登山ルートの人気と自治体の対応　116
3. ウミガメ保護と西部林道地域の生態系　117
4. 否決された利用調整の条例案　119
5. 屋久島におけるエコツーリズムの将来　120
6. 自然と人間との調和的共生を目指して　126

第9章　島嶼におけるエコツーリズムの展開
—— 上対馬の住民意識調査から —— ‥‥‥‥‥‥‥‥‥‥‥‥ 131

1. 上対馬におけるエコツーリズムの現状　131
2. 調査結果 —— 上対馬住民へのアンケート　136
3. 考察 —— 調査結果の背景にある上対馬住民の意識　144
4. 島嶼観光としてのエコツーリズムの将来　148

第10章　環境首都・水俣における環境教育旅行受け入れの現状と課題 ‥‥‥‥‥‥‥‥‥‥‥‥ 155

1. 水俣におけるエコツーリズムの必要性　155
2. 水俣市の観光入込客数の現状　157
3. 環境教育旅行にかかわる団体の概要　158
4. 調査結果 ── 4団体への聞き取り　161
5. 考察 ── ガイド・人材の育成の2つの可能性　163
6. 着地型観光への転換に活路を　164

第11章　災害復興と着地型観光
── 福岡県八女市星野村の事例から ── ‥‥‥‥‥‥‥‥‥‥‥‥ 166

1. 着地型観光の台頭と現状　166
2. 研究対象地域（星野村）の概要　169
3. 九州北部豪雨による星野村の被害　170
4. 調査結果 ── 星野村住民へのアンケート　172
5. 考察 ── 調査結果の背景にある星野村住民の意識　181
6. 見直されるべき着地型観光としてのエコツーリズム　187

あとがき　192
事項索引　194
地名索引　197

地域づくり叢書　（刊行中）

1　日常空間を活かした **観光まちづくり**
　　　　戸所　隆　著
2　**地域資源とまちづくり**　－地理学の視点から－
　　　　片柳　勉・小松陽介　編著
3　**ジオツーリズムとエコツーリズム**
　　　　深見　聡　著

＊2015 年 続刊刊行予定

第1章
地域資源を活かした観光による
地域づくりへの視点

　筆者は，2001年12月に「NPO法人まちづくり地域フォーラム・かごしま探検の会」（以下，「探検の会」と記す）を設立し，2008年9月まで代表理事を務めた。探検の会は「地理・歴史を学び，まちづくりを考える」をキーワードに掲げて，①まち歩き，②モニターツアー・ワークショップの開催，③観光ボランティアガイドの養成，④観光パンフレットなど制作の受託事業の実施などを行ってきた。現在は東川隆太郎氏に代表理事をバトンタッチし，さらに活発に地域づくりの取り組みを進めている。

　一方で筆者は2008年10月より長崎大学環境科学部に勤務するようになり，大学教員の立場から地域で活動するNPOとの連携を模索する機会が増えつつある。

　そこで本章では，ジオツーリズムやエコツーリズムの論に入る前に，地域資源を活かす視点の重要性について取り上げる。観光による地域づくりの現場にいた筆者が，NPOの役割をどのように考え実践してきたのか，NPOと大学のそれぞれの立場からかかわった事例を紹介するとともに，今後，地域での担い手に求められる地域資源を活かした観光への誘いを，とくにNPOがもつ可能性や方向性に焦点をあて述べていきたい[1]。

1. 探検の会での実践から

　探検の会を設立した当時，筆者は大学院生であり，事業性を意識しつつも，むしろ形にしてみたい活動を優先することが許される環境にあった[2]。探検の会は前述のキーワードのもとに，今あるものを活かす「地域まるごと博物館」による地域づくりを志向していた。これは，エコミュージアムやジオパークの

ような仕組みとほぼ同類のものであったと考えている。

2002年1月に，NPO法人ネイチャリング・プロジェクトから初の受託事業を獲得したが，当時の運営規模のイメージは，事務局スタッフがアルバイト程度の収入が得られればというものであった。それが，設立から6年度目に2名の専従スタッフ体制を確立し，近年の事業規模は年間2千万円前後で推移している。

その間，とりわけ二つの点について地道な活動実績を重ねていくことを心がけた。

第1は，地域の方々と「顔のみえる」関係を持続的に築くことである。先に挙げた取り組みのうち，「①まち歩き」は定例でおもに鹿児島市およびその近郊で開催し，毎回特定のテーマを設けて全数時間の徒歩ルートをめぐった（写真1-1）。

ガイドはおもに東川氏が担い，当初から参加費を一人500円程度の有償とした。探検の会の発足当初，スタッフの年齢は全員20歳代であり，潤沢な資金がないことは参加者にも一目瞭然であったのか，このような活動を続けていくために有償である点の説明に対して，異論を投げかけられることはなかった。

写真1-1　探検の会の「まち歩き」のようす
霧島市にある田の神石像の解説．
2009年9月24日に山下哲美氏が撮影．

ときにはJRや貸し切りバス，貸し切り路面電車を利用した1日コースを企画したが，暑さや寒さがとくに厳しく全行程を歩くのが厳しいと予想される月に準備した。多様な世代が集まる場では，とくにスタッフが若年者の場合，天候を考慮した安全の確保という視点はつい見落としてしまう点かもしれない。まち歩きは回を重ねるごとに参加者数が安定し，新たな会員の確保にもつながっていった[3]。

　しかし，有償とはいえ，まち歩きの収支だけで運営を継続することは難しい。一方で，NPOが地域づくりを担うために不可欠となる社会的な信用性や知名度を獲得していくには，このような「顔のみえる」活動を基盤に据える必要があるだろう。

　第2は，大学院生という立場もあって「大学との連携」を図るように努めたことである。屋久島における里のエコツーリズムの確立可能性調査などコンサルタント業務の受託，鹿児島大学附属図書館貴重書展示展の実施協力事業など，次第に件数を重ねていった。とくに活動歴の短いNPOの場合，大学という社会的地位を確立している教育研究機関と協働していることで高まる信頼性の獲得は大きな利点であった。また今日，大学においても，教育・研究に加え地域貢献が本格的に主要な役割の一つとされており，探検の会との連携は少なからずその一好例として相互によい影響をもたらしたのではと考えている[4]。ただしこの場合も，NPOとして運営上の直接的な財政的基盤の強化につながったとまではいい難いのは事実である。

　そこで事業性を高めるために，自治体や鹿児島県観光連盟といった公的団体からの受託事業の展開にも力を注いだ。当然ながら，「まち歩き」と「大学との連携」という，金銭には換えられない活動基盤があってこその業務獲得という面はあったと思われる[5]。受託事業の中心は，観光パンフレットやマップの制作であったが，その過程で可能な限り「②モニターツアー・ワークショップ」の工程を加えた。NPOが地域づくりを担う意義の一つに住民の参画が挙げられるが，その度合いや方法はさまざまである。筆者らは，この点を踏まえ，まち歩きのように自地域のことを知る機会に加えて，そのことを外部に発信する機会の創出を意図したのである。ここではそのなかから，2009年度に実施し

た霧島商工会議所からの受託事業『まるごと霧島』パンフレット制作事業を紹介する。

これまでも鹿児島県霧島市では，観光ガイドマップや冊子類が数多くつくられてきた。そこで本事業で作成するパンフレットは，地域住民や地域外の参加者がワークショップとモニターツアーを経て得られた地域資源の再発見，再評価を反映させた掲載内容とした。今回の『まるごと霧島』（写真1-2）も東川隆太郎氏をはじめスタッフのみでも充分な掲載内容を短期間で収集できたはずである。そこをあえて住民の参画という方法にこだわったところに，人と人とを結びつける過程をとおして地域づくりを進めようという，いわゆる「NPOらしさ」をみいだせる。

具体的には，ワークショップ（写真1-3）においては地域資源の再発見という作業をとおして，今後それらを活用していく際に不可欠な人的つながりを築く場がもてたといえる。またモニターツアーでは，地域住民が価値あるものと位置づける地域資源の多くが，地域外の参加者にも好意的に受け止められることも確認できた。

今後も地元の人びとが重要と考えている地域資源の掘り起こしは不可欠であり，これまで観光対象として意識されてこなかった地域資源のなかにも，霧島

写真1-2 完成した『まるごと霧島』の表紙

写真1-3 『まるごと霧島』制作ワークショップのようす
2009年7月23日に山下哲美氏が撮影.

の豊かな自然や歴史を背景にしたものが多く眠っているのではないだろうか。それらを再発見するには，当たり前に地域に存在していると思われがちなものを引き出す視点が必要となってくるが，今回のように，地域住民の声を拾う機会に工夫を払うことにこそ，その可能性が存在することがわかった[6]。

2. 長崎大学と小浜温泉エネルギーの連携

2008年10月，長崎大学に専任教員として着任して以降，それまでのようになんの拘束もなく気の向くままに地域に足を運び，さまざまなNPOとの接点をもつ機会は限られてきた。それでも筆者は，所属する研究科の基礎学部にあたる環境科学部が2007年に雲仙市・長崎県環境部の三者で締結した地域連携協定（雲仙Eキャンレッジ協定）の主担当者となったこともあり，新たに雲仙市のNPOや地域住民の方との接点は年々増しつつある。

そのなかから，一般社団法人小浜温泉エネルギーの事例を紹介したい。小浜温泉は雲仙市の南部，島原半島西海岸に位置し，最高105℃の泉温があり，しかも湧出する約7割の温泉水が未利用の状態となっている温泉観光地である。2010年7月以降，地元の温泉関係者と大学で協議を本格化し，未利用温泉熱を用いたバイナリー発電の実現に向けた機運が高まった。これは，単に再生可能エネルギーの実用化という側面だけでなく，産業観光の拠点としての期待もあったようである（馬越ほか，2012）。

一方で，過去には，温泉の枯渇への不安やそれ以前の地元住民に対する説明不足という問題から，新たな泉源掘削による発電計画に対して反対運動が起こり，当時の事業が中止となった経緯がある。これらのことから，企業や自治体が事業主体となるのではなく，住民が参画することを前提としたNPO（NPO法人をはじめとする非営利団体）を設立し，その活用についてマネジメントを強化する必要性が指摘されるようになった。

その結果，「未利用温泉熱の活用のためには，地元と産学官が連携した協議会を設立し，そのなかで意見集約や合意形成を図っていくべき」との声が高まり，2011年3月7日に小浜温泉エネルギー活用推進協議会が発足した（馬越ほか，2012）。委員のメンバーは，筆者をはじめ長崎大学教員のほか，源泉所

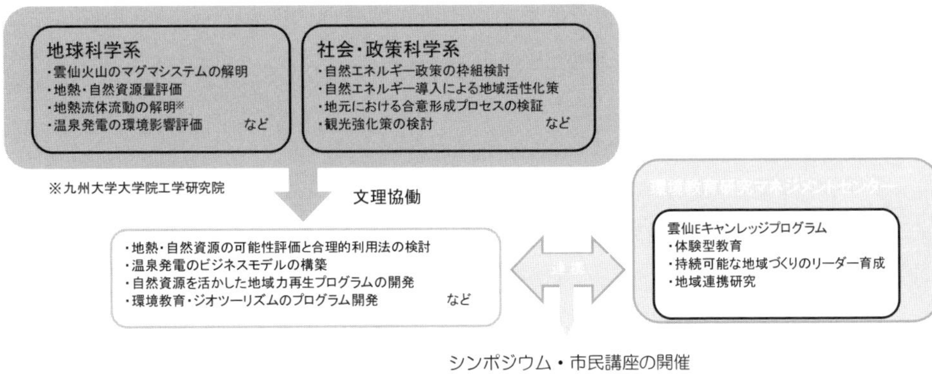

```
┌─────────────────────────────┐  ┌─────────────────────────────┐
│ 地球科学系                  │  │ 社会・政策科学系            │
│ ・雲仙火山のマグマシステムの解明│  │ ・自然エネルギー政策の枠組検討│
│ ・地熱・自然資源量評価      │  │ ・自然エネルギー導入による地域活性化策│
│ ・地熱流体流動の解明※      │  │ ・地元における合意形成プロセスの検証│
│ ・温泉発電の環境影響評価 など│  │ ・観光強化策の検討       など│
└─────────────────────────────┘  └─────────────────────────────┘
 ※九州大学大学院工学研究院        文理協働
```

- 地熱・自然資源の可能性評価と合理的利用法の検討
- 温泉発電のビジネスモデルの構築
- 自然資源を活かした地域力再生プログラムの開発
- 環境教育・ジオツーリズムのプログラム開発 など

環境教育研究マネジメントセンター
- 雲仙Eキャンレッジプログラム
- 体験型教育
- 持続可能な地域づくりのリーダー育成
- 地域連携研究

シンポジウム・市民講座の開催

図 1-1　小浜温泉発電プロジェクトの概要
長崎大学環境科学部が制作したパンフレット『小浜温泉プロジェクト・自然資源を活かした低炭素まちづくりと地域再生』（2012 年刊）より引用.

有者や観光業関係者など地域住民らが務め，今日に至っている（図 1-1）。

　また，協議会で議論した内容について具体的に業務を遂行するために，同年 5 月に一般社団法人小浜温泉エネルギーが設立された。その事務局長には，本学の博士後期課程院生である佐々木裕氏が就き，大学教員と地域とのマネジメント役を担っている。2013 年 4 月，環境省受託事業による小浜温泉バイナリー発電所の開所式を経て，協議会と小浜温泉エネルギーが両輪となって 1 年間の予定で発電の実証試験を開始した（写真 1-4）。

　また，産業観光や教育旅行の見どころとして，小浜温泉観光協会が行っている「小浜温泉ジオツアー」のまち歩きコースの一つが新設され，橘湾に面するバイナリー発電所の見学も可能となっている。このような地域資源を活かした観光による地域づくりの進め方については，筆者らが小浜温泉で開催した公開講座や意見交換の場で提案したり，普及啓発の取り組みへの助言を行ったりしている。また，学生の授業の一環として地域調査を NPO とともに実施するなど，大学の教育面での連携にも取り組んでいる（写真 1-5）。

写真 1-4　小浜温泉バイナリー発電所の全景
2013年4月25日に佐々木裕氏が撮影.

写真 1-5　小浜温泉での学生による地域調査
2012年11月18日に筆者が撮影.

3. 地域資源を活かした観光による地域づくり

　これまで，NPOと大学のそれぞれの立場で経験した観光による地域づくりの事例について述べてきた。それらをとおして，NPOがその担い手としての可能性を有していること，とりわけ，大学との協働が相互の特性を踏まえたうえで深まることの重要性が指摘できる。

　二者の連携は，さも無条件に観光による地域づくりの場面で有効と思われがちであるが，NPOは柔軟な発想のもとに活動を展開することを得意としている。一方，大学は社会貢献の一環とした専門的な立場からの支援を得意とする。この点をつねに意識していくことで，大学がもつアイデアや構想を地域づくりの現場を担うNPOに発信し，それを受けてNPOが受託事業などの申請にあたるといった循環が形成されていくと考えられる。

　このことを痛感したできごととして，最後に筆者の「失敗」の事例を紹介する。筆者は，探検の会の経験から，観光による地域づくりの現場におけるNPOと大学の連携に手ごたえを得ていたこともあり，2010年8月に「NPO法人地域づくり・観光ツーリズム研究所」を設立した。しかし，定期的な活動を行うまでには至らず，助成事業1件と大学との連携事業2件の活動実績にとどまって

いる（2013年度末現在）。形式上は二足のわらじ（大学教員とNPO代表）を履いてはいるものの，NPOの経常的な業務を大学教員の本務とは別に全面的に担うことは非常に困難であると実感している。

　もちろん，この両立を実現されている先生方も存在するが，筆者との決定的な違いは，NPOと大学の連携を担う人材の有無にあると考えている。つまり，両者の連携のもとに地域づくりに取り組む専門的なコーディネーターの育成が今後求められるのである。探検の会では筆者や東川氏が，小浜温泉エネルギーでは佐々木氏がその役割をはたしてきたことで，両者の好循環が生まれたといえるだろう。

　NPOが展開する持続的な地域づくりは，地域住民との「顔のみえる」関係づくりや，大学をはじめとするさまざまな団体との連携によって人の輪を広げていくことなど，活動自体の充実もさることながら，その基盤や形態に大きな特徴がある。この点を疎かにしてしまっては，NPOがわざわざそれを担う意義が問われかねない。利潤追求を第一に掲げる企業とは，資金を獲得して地域で事業を展開する点では大差はないが，広く地域に開かれた存在として事業の過程の可視化がさまざまな方法で図られる点を重視することで，NPOの存在価値は高まるからである。

　筆者の経験はほんの一例に過ぎないが，地域資源を活かした観光による地域づくりに取り組もうとされる方にとって参考になれば幸いである。

付記
　本章の内容は，古今書院『地理』58（9）に掲載した論文を大幅に加筆修正したものである。

注
1) NPOは非営利団体の略称であり，法人制度の区分から考えると，広義にはNPO法人（特定非営利活動法人）や一般・公益社団法人，自治会など，法人格の有無にかかわらず営利団体（企業）ではない団体を指す。一般には，報道の場合に代表されるようにNPO法人と同義に用いられることが多いが，学術的視点からは，非営利団体のなかでも活動歴の比較的長い伝統的地域集団に対比される今日型地域性集団の総称として用いられることもある。本稿では，この解釈にもとづき，NPO法人や一般社団法人の事例を扱っている（深見，2006）。

2) 探検の会の設立の経緯については，深見（2003）を参照されたい．
3) 多くのNPO法人は会員を広く募集しており，その種別は各団体が任意に設けることができる．また，法人設立における要件の一つとして，少なくとも10名は議決権を有する会員でなければならない．
4) この詳細については，深見（2005）を参照されたい．
5) 鹿児島県観光連盟が観光パンフレットの制作を初めてNPO法人に委託したのが探検の会である．このとき制作したのは鹿児島県内の隠れた名湯を中心に紹介した『僕的かごしま泉歩（せんぽ）』で，「パンフレット制作は専門業者への委託が多いが，同連盟は「正直，予想以上の出来」」との評価を得た．2006年4月13日付南日本新聞より．
6) 本事業の記述は，霧島商工会議所が実施した平成21年度地域資源∞全国展開プロジェクト「南の国から～きりしまの情報発信事業」の報告書（2010年刊）をもとに整理している．

文献

馬越孝道・佐々木 裕・小野隆弘（2012）：雲仙市小浜温泉における温泉発電プロジェクト．地域環境研究，4，pp.23-27.

深見 聡（2003）：「地理学」を掲げるNPO法人設立のススメ－その背景と意義－．地理，48（7），pp.103-108.

深見 聡（2005）：地域社会再生の一視点－NPOと地方大学の連携が創るエコミュージアム－．社会分析，32,pp.113-131.

深見 聡（2006）：地域コミュニティの再生と「気づき」の視点－キーワードの整理とアプローチの手法に関する考察－．地域政策科学研究，3，pp.67-90.

第Ⅰ部

ジオツーリズムと地域

島原半島ジオパーク・奥雲仙での森林保全活動
2014年7月5日筆者が撮影.

第2章
ジオパークの定義と
類似制度の概観

　本論に入る前に，地質的遺産の保護からジオパーク構想に至るまでの経緯などを整理し，ジオパークに関する基礎的事項についてまとめておきたい。

1．ジオパーク制度誕生の背景
　ジオパークは1990年代，地質的遺産の保護に関して，各国個別の行動から国際組織が推進する世界全体の取り組みに発展してきた。その先駆けは1948年，ユネスコがパリで国際自然保護連合（IUCN）を創設し，国立公園と自然保護地域委員会（CNPPA/IUCN）を置いたことに求められる。同委員会が示した国立公園の基準に，地質的景観の保護が含まれている。
　1972年6月にスウェーデンのストックホルムで開催された国際連合人間環境会議において，『人間環境宣言』（Declaration of the United Nations Conference on the Human Environment）が採択され，地質的遺産も含む環境保護活動について地球規模の視点から問題提起がなされた。同年11月，第17回ユネスコ総会において，世界遺産条約（世界の文化遺産及び自然遺産の保護に関する条約：Convention Concerning the Protection of the World Cultural and Natural Heritage）が採択されたのを契機に，自然と文化遺産の保護の具体的な枠組みが提唱された。そのなかでは，自然遺産の判定基準の一つとして地質的事象を保存することと地質的景観の美観度が強調されている。このように，地質的遺産の保護に対してある程度の役割をはたしてきたが，人びとの注目を集めたのは，数多くの人類の文化遺産と絶滅に瀕する生物種に対してであった。また，世界遺産の審査員のうち，地学や自然地理学の専門家が少数派であったために，世界遺産リストに登録された自然遺産のうち地質が中心のものは少なくなるという結果

を招いた。地質的遺産の多くは，世界遺産のなかでは事実上マイナーな存在であったのが実情である。

2001年，ユネスコ執行委員会が世界各地で個別に展開されていたジオパークに関する活動をユネスコが支援すると決定して以降，「地質的分野の世界遺産」としてのジオパークが注目されるようになった。その直接的な背景には，1989年，ユネスコ・国際地質科学連合（IUGS）・国際地質対比計画（IGCP）・国際自然保護連合（IUCN）がワシントンで『世界地質及び古生物遺跡リスト計画』を策定したことが挙げられる。目的は地質的遺産を世界遺産の暫定リストに積極的に掲載することにあった。1991年6月に採択された『地球記憶権利宣言』（International declaration of the rights of the memory of the Earth）では，地球生命と環境の変化によって残った地質的遺産の有する世界的な重要性を指摘した。その後，『世界地質及び古生物遺跡リスト計画』は1996年に『地質観光名所計画』，1997年に『ユネスコジオパーク計画』（UNESCO Geopark Programme）と改称している。

そして1999年4月，ユネスコ第156回執行委員会において，『ジオパーク計画』（UNESCO Geoparks）が策定された。そこには，世界ジオパークを，500地域を目安として，毎年20地域を認定することを目指すと記されている。加えて，中国がプログラムのモデル国の一つに認定された。このような動きを受けて，2000年に欧州ジオパークネットワーク（EGN）が立ち上げられたが，当初はユネスコの支援を受ける組織ではなかった。

2002年8～9月に南アフリカのヨハネスブルグで開かれた，持続可能な開発に関する世界首脳会議（ヨハネスブルグ・サミット）において，その重要性が再確認されている。それに先駆けた同年5月には，『世界ジオパークアセスメント』（Network of National Geoparks seeking UNESCO's Assistance）が公表され，申請や審査手続きといった世界ジオパーク制度が正式に示された。

2004年，具体的な制度を担う組織として，世界ジオパークネットワーク（Global Geoparks Network；GGN）が誕生した。GGNは，各国個別の取り組みが活発であったヨーロッパのパリに本部，中国の北京に事務局が置かれた。

GGNによると，2014年9月現在，32カ国111地域が世界ジオパークに認定

図 2-1　世界ジオパークの分布
「JGN ウェブサイト」http://www.geopark.jp/（2014 年 9 月 26 日閲覧）より抜粋．
地図は閲覧時に公表されていた最新のものを便宜上掲載したため，認定数が
2013 年 9 月現在のものとなっている．現在は 32 カ国 111 地域が認定されている．

され，欧州・アジア・南米・北米・中東およびアフリカに分布している（図2-1）。日本では 7 地域が認定されており，国別で最も多い数を占めているのは中国で，31 地域が存在する[1]。

2. ジオパークの定義

　ジオパークは，「地質版の世界遺産」と紹介されることがある[2]。これは，世界遺産と同じくユネスコが関与している点や，世界的に普遍的な価値を有するものを保全していく点に起因している。具体的には，『各国のジオパークがユネスコの支援を得て世界ジオパークネットワークに参加するためのガイドラインと基準（2010 年 4 月版）』[3]によると，ジオパーク構想は「1972 年の世界遺産条約に新たな一面を付け加えるもの」であり，「社会，経済，文化の発展

と自然環境保護が相互にうまく影響しあう可能性に光をあてる」役割が明文化されている点が大きな特徴である。

GGNは，以下の6項目にわたるジオパークの定義を定めている[4]。

①地域の地史や地質現象がよくわかる地質遺産を多数含むだけでなく，考古学的・生態学的もしくは文化的な価値のあるサイトも含む，明瞭に境界を定められた地域である。

②公的機関・地域社会ならびに民間団体によるしっかりした運営組織と運営・財政計画をもつ。

③ジオツーリズムなどを通じて，地域の持続可能な社会・経済発展を育成する。

④博物館，自然観察路，ガイド付きツアーなどにより，地球科学や環境問題に関する教育・普及活動を行う。

⑤それぞれの地域の伝統と法にもとづき地質遺産を確実に保護する。

⑥世界的ネットワークの一員として，相互に情報交換を行い，会議に参加し，ネットワークを積極的に活性化させる。

これらのことから留意すべきは，ジオパークは狭義の地質のみを対象とするのではない点である。中国では地質公園と表記されていることを先に述べたが，ジオパークの対訳として日本でもこの呼称が用いられたことがあった。とくに，日本にジオパークの考え方をはじめに積極的に紹介したのが日本地質学会であったこともあり，「geoparkは同文同種の国・中国や台湾では「地質公園」と漢訳」されており「漢字文化圏における統一が望ましい」とする声もあった(岩松・星野，2005)。また，「地学・地球科学的情報を含んだ地域の自然の情報を発信」するものというように，GGNの定義の一部をあたかもその全体像であるかのように誤解されかねない見解もみられる（田邉，2008）。

それゆえ，ここで定義を素直に解釈するのであれば，地質や地形を基盤として「生態学的もしくは文化的な価値のあるサイト」も含む「大地の遺産」としてとらえると理解しやすいだろう。また，ジオパークは「明瞭」な「境界」をもつものであるが，この意味はなんらかの可視的なインフラを整備すること

ではない。これに関しては,生態系の維持を支える土台としての地学的基盤(ジオ)を軸としつつ,それとわれわれ人間の生活とが相互関係を築いている地生態学的な仕組みのうち一定の面的まとまりを指すととらえるとわかりやすい。

3. ジオパークの類似制度の概観

ジオパークは,世界遺産に比べれば敷居が低く,観光による地域づくりの手法としての道が開かれている。しかし,逆に考えればその定義は曖昧で,世界遺産や,ユネスコエコパークなどに代表される既存の仕組みとの棲み分けも決して明確ではない(菊地ほか,2012)。そこで本節では,類似制度として世界遺産とユネスコエコパークを取り上げ,ジオパークとの対比を行う。

3.1 世界ジオパークと世界遺産

1954 年,エジプト政府は経済発展に不可欠としてアスワンハイダムの建設を決定した。しかし,ダムの建設によってナイル川流域にあるヌビア地方の遺跡を水没させてしまう課題に直面する。この解決のために,エジプト政府は遺産救済計画を策定すると同時に,ユネスコにヌビア遺跡は人類共通の遺産であり,技術的,財政的な支援を求めた。これに対して,ユネスコは 1960 年代にヌビア遺跡を水没の危機から救うために,遺跡群の移築保存に関するキャンペーンを実施した。このできごとをきっかけに,「人類共通の遺産」という考え方が広がり,1972 年の世界遺産条約の採択に至る。

世界遺産は,条約のなかで「人類の共通財産としての顕著な普遍的価値(Outstanding universal value)をもつ遺跡,建築物,自然等の総称」と定義されている(鈴木晃志郎・鈴木亮,2009)。1975 年に正式に発効し,締約国は各国内の全人類に普遍的な価値をもつ遺産を世界遺産リストに登録し,国際協力を通じた保護を実現するために,遺産保護の支援を行う世界遺産委員会を設置した。

世界遺産には大きく自然遺産,文化遺産,複合遺産の 3 種類がある。2013 年 6 月の第 37 回世界遺産委員会が終了した時点で,世界遺産リストには 981 件(文化遺産 759 件,自然遺産 193 件,複合遺産 29 件)が登録され,条約締約国は 190 カ国,遺産の分布する国は 160 カ国である[5]。

表 2-1　世界ジオパーク・世界遺産・ユネスコエコパークの対比

	世界ジオパーク	世界遺産	ユネスコエコパーク
対象	・貴重な大地の遺産 ・優れた活動	・「顕著な普遍的価値」をもつ自然，文化	・生態系（生物多様性）
目的	・保護と活用 （保護・環境教育・観光など地域づくり）	・保護	・保護と共生（自然と人間） （保護・環境教育・観光など地域づくり）
審査	・4年に1度の再審査	・6年に1度の再審査	・1回のみ
ユネスコとの関係	・支援を受ける （正式プログラムへの昇格について審議中）	・世界遺産条約 （ユネスコの正式プログラム）	・人間と生物圏（MAB：Man and Biosphere）計画 （ユネスコの正式プログラム）
実施年	・2004年（GGN発足）	・1972年条約採択 （1975年発効）	・1976年
登録・認定数	・30カ国100地域 （2013年9月現在）	・190カ国981件 （2013年6月現在）	・117カ国621件 （2013年5月現在）

筆者が作成.

　世界遺産は，人類が共有すべき「顕著な普遍的価値」をもつ自然・文化遺産を将来に継承し保護することを目的としている。これは，保護と活用の両立が求められるジオパークとは大きく異なる（表2-1）。換言すれば，大野（2011）のいうように，「活動の評価基準が大地の独自の方法を用いて，持続的に活用することに主眼を置かれている点」が，ジオパークと世界遺産を特徴づける相違点といえる。

　制度的枠組みについては，世界遺産には世界遺産条約があるが，世界ジオパークには条約レベルの担保ではなく，あくまでGGNという非政府組織の運用によっている。現状，ジオパークの活動はユネスコの正式なプログラムではなく，技術的アドバイスなどを行う協力関係にある。しかし，各国での活動の広がりにともなって，世界ジオパークをユネスコの正式プログラムに昇格させるための審議が進められている。

　GGNの認定を受けた（GGNへの加盟が認められた）地域は「世界ジオパーク」を名乗ることができる。その審査は，国内レベルで認定されたジオパークとしての活動実績に重点が置かれている。また，世界ジオパークの場合，4年に1度の再審査が義務づけられており，その結果によっては認定が取り消され

ることもある．この再審査を制度として確立させることで，世界ジオパークとしての質の保証や信頼性の確保が図られている．

　世界遺産も同様に登録後，6年に1度の世界遺産委員会による再審査を受けなければならない．その結果，危機遺産（危機にさらされている世界遺産）リストへの登録や，2007年に新設された監視強化（強化モニタリング）という，保護状況が危ぶまれる遺産に対処する仕組みが存在する．しかし，登録後の観光客増加による生活の攪乱といった点は考慮の対象外であり，あくまでも世界遺産は保護を目的としている点に注意する必要がある．

　すなわち，世界遺産では遺産の価値そのものが重要となるが，ジオパークはさらに，観光や研究，環境教育といった活動の質の維持や，世界遺産では原則禁止の開発行為が，ジオパークでは国連のうたう持続可能な開発についてのみ可能とされている．

3.2　ジオパークとユネスコエコパーク（生物圏保存地域）

　同じくユネスコが関与するプログラムに，ユネスコエコパークがある．この名称は日本独自の国内名称であり，公式には「ユネスコが行う生物圏保存地域」（Biosphere Reserves; BR）と呼ばれる．これは，ユネスコが『人間と生物圏（MAB: Man and Biosphere）計画』の一環として，1976年から実施する自然地域登録制度であり，生態系の保全と持続可能な活用の調和を目的としている．ユネスコによれば，世界遺産は価値を「保護」するための概念であり，ユネスコエコパークは，価値を「創造」するための概念と位置づけている（櫻井，2014）．

　2013年5月現在，117カ国の621件が登録されている．日本には，志賀高原（群馬県・長野県），白山（石川県・岐阜県・富山県・福井県），大台ケ原・大峰山（奈良県・三重県），屋久島（鹿児島県）（1980年），綾（宮崎県）（2012年）の5件に加え，2014年6月に，只見（福島県），南アルプス（山梨県・静岡県・長野県）が新たに認定された．欧州では世界遺産と同程度の知名度であるのに対して，わが国ではいまだに関心が高いとはいえない（岡野，2012）．

　環境省が作成したパンフレット『エコパーク-自然と人の調和と共生-』(2013年刊）によれば，エコパークは，豊かな生態系のうちとりわけ生物多様性の保

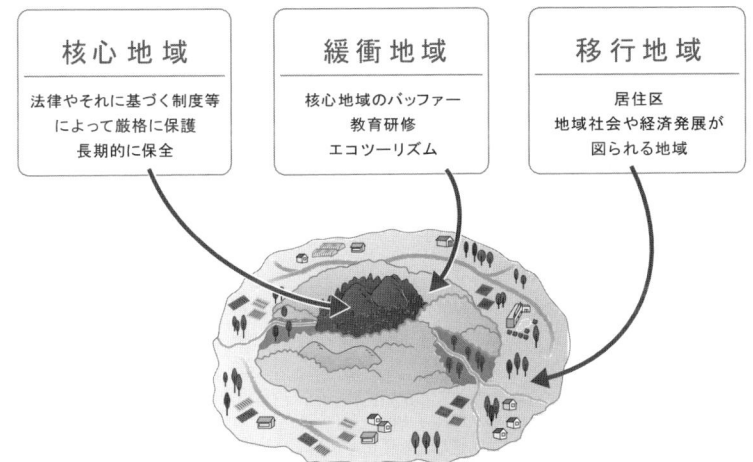

図 2-2　ユネスコエコパークの概念
環境省パンフレット『エコパーク―自然と人の調和と共生―』(2013 年刊) より抜粋.

全を目的とし，「自然に学ぶとともに，文化的にも経済・社会的にも持続可能な発展を目指す」モデルであり，そのエリア内は核心地域・緩衝地域・移行地域に区分されることが求められる（図 2-2）。

ユネスコエコパークの候補地は，毎年 3～5 月頃に開催される BR 国際諮問委員会における審査・勧告を経て，その年の 5～7 月頃の MAB 計画国際調整理事会において BR 国際諮問委員会からの勧告をもとに審議され，「承認」「保留」「却下」のいずれかが決定される。

ジオパークと共通しているのは，自然環境と人間環境の調和・共生を図る「保護と活用」，すなわち持続可能な開発を指向する点が挙げられる。また，相違点をあえてとらえるならば，エコパークは生物多様性にもとづき厳格な保護を行う核心地域が設定される。それに対して，ジオパークは地質的遺産を起点に「大地の遺産」の保護にも取り組むが，核心地域といったゾーニングの設定は必要とされない。むしろ，ジオパークの場合，国立公園とエリアが重なっている地域が多数を占め，それら既存の保護政策を受容しつつジオパークごとに独自性のある活用の形が求められるといえる。

付記

本章の内容は，人文地理学会『人文地理』65（5）に掲載した論文を大幅に加筆修正したものである。

注

1）2014 年 9 月に開かれた第 6 回ジオパーク国際ユネスコ会議での発表による．
2）「『ほっと！和歌山県』〜和歌山県広報リレーブログ〜ウェブサイト」http://wakayamapr.ikora.tv/e929440.html（2013 年 8 月 19 日閲覧）による．
3）「GGN ウェブサイト」http://www.globalgeopark.org/（2014 年 4 月 9 日閲覧）による．
4）「日本ジオパーク委員会ウェブサイト」https://www.gsj.jp/jgc/whatsgeopark/（2013 年 8 月 19 日閲覧）による．
5）「ユネスコウェブサイト」http://whc.unesco.org/en/list（2014 年 6 月 16 日閲覧）による．

文献

岩松 暉・星野一男（2005）：ジオパークと地質遺産の保全・活用．地球環境，10，pp.185-196.
大野希一（2011）：大地の遺産を用いた地域振興－島原半島ジオパークにおけるジオストーリーの例－．地学雑誌，120（5），pp.834-845.
岡野隆宏（2012）：我が国の生物多様性保全の取組と生物圏保存地域．日本生態学会誌，62（3），pp.375-385.
菊地俊夫・土居利光・鈴木晃志郎・新名阿津子・小泉武栄・富田啓介・フンクカロリン・目代邦康・岩田修二（2012）：ジオパークと地域振興．E-journal GEO，6，pp.191-202.
櫻井 知（2014）：ユネスコエコパークについて：生態系の保全と持続可能な利活用の調和を目指す取組．山林，1557，pp.65-73.
鈴木晃志郎・鈴木 亮（2009）：世界遺産登録に向けた小笠原の自然環境の現状．小笠原研究年報，32，pp.27-47.
田邉 裕（2008）：ジオパークに望むこと－人文地理学の立ち場から－．地理，53（9），pp.55-57.

第3章

ジオパークとジオツーリズムの成立に関する考察

　日本におけるジオパークとジオツーリズムに関する研究は，日本ジオパークネットワーク（JGN）が組織され，2009年に島原半島など三つの世界ジオパークの認定がなされたことを契機に注目を集めるようになった。その際，ジオツーリズムと呼ばれる観光の形態は，見どころとなる「大地の遺産」を，地学や自然地理学といった理科的な地域特性を踏まえて，観光客にわかりやすく紹介できるかが重要である。

　本章では，前章で言及したジオパークの定義を若干掘り下げ，ジオパークおよびジオツーリズムの成立に関して論じていく。とりわけ，章の後半では，ジオツーリズムにはたす地学・自然地理学的教育の役割に焦点をあて，その重要性に触れてみたい。

1. ジオパークに関する認識の現状

　2009年8月，洞爺湖有珠山・糸魚川・島原半島の3カ所が日本初の世界ジオパークに認定された。その後，山陰海岸（2010年10月），室戸（2011年9月），隠岐（2013年9月），阿蘇（2014年9月）が加わり，ジオパークの知名度が少しずつ高まるとともに，ジオパークによる地域づくり手法としてのジオツーリズムに関する取り組みも展開されるようになった。グリーン・ツーリズムなどとならび，オンサイトツーリズムの一つとして期待する声も高まっている。

　一方で筆者自身，とくに理学部地学科卒業ということもあるかもしれないが，ジオパークには一種独特の「難しさ」の存在を実感することがある。報道においても，世界ジオパークの類似した制度でユネスコの公式プログラムである世界遺産に比べ，ジオパークやジオツーリズムの名前は，いまだに知名度に欠ける点が指摘されている（深見・有馬，2011）。2004年に世界ジオパークネットワー

ク（GGN）が誕生して，世界ジオパークの制度が確立したという世界遺産に比べれば歴史の短さもあり，その名が浸透していくには時期尚早という意見が出されるのもうなずける。

しかし，そもそも社会的に地学・自然地理学に対する関心が低いためジオパークそのものへの視点が向かいにくいのではという疑問も同時に生じる。日本におけるジオパークの議論は，まさにこれからが正念場といえよう。そのためにも，ジオパークの本質に迫り，ジオツーリズムの成立につなげていくには，どのような新しいフレームワークが必要なのか熟慮する必要がある。その際，観光学・観光地理学といった観光研究の立場からの提言は不可欠なものだが，先行研究は地質学や火山学といった，観光研究以外の関心からのものが圧倒的に多い。

もちろん，ジオパークの議論の先鞭をつけた彼らの成果は高く評価されるものである。むしろ，観光研究に携わる者が，地学・自然地理学といったジオパークが備えるある種の「難しさ」を忌避してきた点も否定できない[1]。たとえば，ジオパークを構成するジオサイト（「大地の遺産」としての見どころ）が，地学・自然地理学的にどのような価値をもっているのかを理解するのは，必ずしも簡単なものばかりではないからである。そのため，現状は極論すると「ジオツーリズム」という用語が，持続可能な地域づくりとしての観光を議論する際に，聞こえのよいマジックワードとして使われる危険性をはらんでいる。

2. わが国におけるジオパークの現状

ジオパークは，GGNへ加盟することで世界ジオパークを，JGNに加盟することで日本ジオパークとなることができる。その審査には，前章で紹介したジオパークの視点（p.15 参照）が盛り込まれていなければならない。GGN加盟後は4年に1回，活動状況などを踏まえた再審査が義務づけられており，場合によっては認定取り消しもあり得る[2]。その傘下にJGNなど国内レベルの組織が置かれている。世界ジオパークを目指すには，国内版のジオパークネットワークに加盟するのが事実上の第一関門となっている（図3-1）。

ジオパークの定義をみると，「生態学的もしくは文化的な価値のあるサイト」

第 3 章　ジオパークとジオツーリズムの成立に関する考察　23

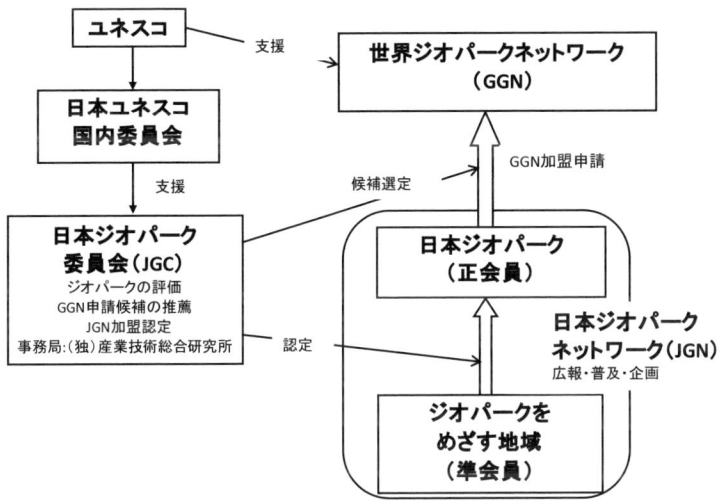

図 3-1　日本におけるジオパークの体制
「日本ジオパーク委員会ウェブサイト」http://www.gas.jip/jgc/organization.html
（2013 年 10 月 31 日閲覧）をもとに筆者が作成.

表 3-1　世界ジオパークの国別分布

国　名	認定数	国　名	認定数
中国	31	韓国	1
スペイン	10	マレーシア	1
イタリア	9	ベトナム	1
日本	7	インドネシア	1
イギリス	6	ブラジル	1
ドイツ	5	アイスランド	1
フランス	5	フィンランド	1
ギリシア	4	オランダ	1
ポルトガル	4	デンマーク	1
スロベニア	3	ルーマニア	1
オーストリア	3	クロアチア	1
ノルウェー	2	チェコ	1
アイルランド	2	ハンガリー	1
カナダ	2	トルコ	1
		モロッコ	1
		ウルグアイ	1
		アイルランド・北アイルランド	1
		ハンガリー・スロバキア	1

2014 年 9 月現在.「GGN ウェブサイト」http://www.globalgeopark.org/
homepageaux/tupai/6513.htm（2014 年 9 月 26 日閲覧）等をもとに筆者が作成.

も包含した，広義の大地の遺産ともいうべき姿が読み取れる。また，保全や保護にとどまらず，「ジオツーリズム」をとおした「持続可能な社会・経済発展」を標榜しており，保全や保護を主目的とする世界遺産とは一線を画す特筆すべき特徴といえる。

2014年9月現在，111カ所の世界ジオパークが誕生している。地域別には，欧州63，アジア43，南米2，北米2，アフリカ1と分布しており（表3-1），とくに欧州と中国に集中している（写真3-1）。

また，JGNが認定する日本ジオパークは，2014年9月現在，36カ所となった（図3-2），そのうち洞爺湖有珠山，糸魚川，島原半島の3カ所が2009年8月にいち早く世界ジオパークの仲間入りをはたした（写真3-2）。そのほか，JGN準会員（日本ジオパークの次期認定の候補地）に三島村など17カ所が名を連ねている。日本ジオパークとなるには，JGNへの加盟が条件となる。GGNが示したジオパークの定義にもとづき，日本版ガイドラインが日本ジオパーク委員会（JGC）により策定されており，これにもとづく審査が行われる。

写真3-1　黄山世界ジオパーク（中国・安徽省）のようす
2004年に認定．1990年には，世界遺産にも登録されている．2008年12月15日に筆者が撮影．
　左：黄山の峰々に立ち入るには，3カ所あるロープウェイのいずれかを利用する．この利用料の一部は，ジオパーク内の環境保全にあてられている．
　中：黄山ジオパーク内の各所に設置されている経路案内図．中国語のほか英語・韓国語・日本語で表記されている．
　右：黄山は古生代に隆起した花崗岩が約1億年にわたり浸食されて今の絶景を形成した．

第 3 章　ジオパークとジオツーリズムの成立に関する考察　25

1 洞爺湖有珠山　2 白滝　3 アポイ岳
4 三笠　5 八峰白神　6 男鹿半島・大潟
7 ゆざわ　8 三陸　9 磐梯山　10 佐渡
11 糸魚川　12 茨城県北　13 銚子
14 下仁田　15 秩父　16 白山手取川
17 南アルプス　18 箱根　19 伊豆大島
20 伊豆半島　21 恐竜渓谷ふくい勝山
22 **山陰海岸**　23 **隠岐**　24 **室戸**
25 四国西予　26 おおいた姫島
27 おおいた豊後大野　28 **島原半島**
29 **阿蘇**　30 天草御所浦　31 霧島
32 桜島・錦江湾　33 とかち鹿追
34 立山黒部　35 南紀熊野　36 天草

図 3-2　日本ジオパークの分布
「日本ジオパークネットワークウェブサイト」http://www.geopark.jp/geopark/
（閲覧日：2014 年 9 月 25 日）をもとに筆者が作成．2014 年 9 月現在．
名称がゴシック体のものは世界ジオパークに認定されている地域．

写真 3-2　島原半島世界ジオパークのようす
2009 年に認定．雲仙普賢岳の活動と防災といった，火山と人間の共生について学べるのが特徴．（左）火砕流で被災した大野木場小学校跡校舎（南島原市）．2012 年 4 月 8 日に筆者が撮影．（右）9 万年前の阿蘇火砕流堆積物がみられる原城跡（南島原市）．2012 年 12 月 15 日に筆者が撮影．

3. ジオツーリズムの定義と近年の潮流

　これまで述べてきたように，ジオパークは，住民主導やツーリズムによる持続可能な社会の指向性，とりわけ「大地の遺産」を切り口とした幅広い環境問題への教育・普及の重要性がうたわれている。そしてジオパークの成否は，持続性という観点に立てば，ツーリズムの役割が欠かせない（Newsome, D. & Dowling, R. eds, 2006；渡辺，2008）。

　ジオパークで展開される観光においてとくに重要なのが，ジオツーリズムである。このなかでは，地球科学的な見どころ（ジオサイト）について，地球科学的なプロセスを学ぶことが柱として存在し，考古学・生態学・文化的な価値も地質的遺産の一部として扱われる。また，ジオツーリズムは静態的な存在にとどまらないのも大きな特徴である。景勝地や博物館施設といったジオサイトを単に見学するのではなく，「大地の変動が織りなして形成された景勝地のストーリーを知り，博物館施設で大地の遺産の全体像を学び，追体験することでその恩恵に浴する」といった動態的なフィールド活動である。

　ジオパークの定義には，持続可能な地域づくりの仕組みの一つとして，地質を切り口としつつもそれを基盤に展開される地生態学的な地域資源を活用するジオツーリズムの取り組みの重要性がうたわれている。すなわち，ジオパークの成否は，ジオツーリズムの定着に懸かっているといっても過言ではない（岩田，2012）。

　現在まで刊行されている多くの観光研究の専門書のうち，観光形態の一種としてジオツーリズムが記述されているものはいまだに少数である。そもそも，ユネスコが支援するジオパークの活動が 21 世紀に入って確立されていることを鑑みると，やむを得ないかもしれない。しかし，ジオパークの仕組みが登場する以前の 1990 年代半ばから，ジオツーリズムという用語がヨーロッパで登場し，その定義が試みられてきた。それから 2000 年代半ばにかけて，おもに地質学者によって，ジオツーリズムが「単なる地質現象の見学や化石採集」ではなく，自然により形成された景観を地球科学的な正しいプロセスで知り，それら「地球の遺産を，経験し，学び，楽しむための旅行をする」ものであると

いう位置づけがなされていった（横山，2010）。最近でも，「地質と景観に注目した自然地域ツーリズムの一種であり，ジオサイトへの旅と地質多様性の保護，および地球科学への理解を促すもの」という見解を示すものもみられる（Farsani, N.T. ほか，2010）。以上の内容は，ジオツーリズムの一側面を的確にとらえているといえよう。

　ところで，この間，ジオパークの議論がユネスコで徐々に深まっていく過程において，「単に地学的な重要サイトを集めるのではなく，地質学とは関係のないテーマであっても，自然地理学，生態学，考古学，歴史や文化なども考慮されるべき地域」とされ，「広く一般大衆が参加する地学的知見の拡大，教育と保護を結びつけた」点が，ジオパークで展開される観光，すなわちジオツーリズムであるととらえる動きが広がった（平野，2008）。さらには，「地域住民の暮らす環境や文化，遺産などを含む地理的な特徴の学びを深め保全につなげる」ものであるという，自然環境と人間環境のかかわりを強調したものも登場した（Boley, B. ほか，2010；小泉，2011）。

　一般的に，ジオツーリズムとエコツーリズムでは，その用語の使用され始めた長さの違いもあり社会的な認知度には差がある。このほかにも，○○ツーリズムといった言葉の誕生の背景にはそれぞれの経緯があり，当然ながら尊重されるべきであろう。同時に，それらの定義については，論理的な位置づけと現場での用いられ方の両方についてつねに注目しながら明確化を図る必要がある[3]。

　そのうえで，「ジオ」と「エコ」の関係を考えてみよう。これらに共通するのは，自然環境と人間環境のかかわりに目を向けるという指向性である。加えて，「ジオ」は「エコ」のなかでもとくに地学的基盤を軸としつつ，生物も含めた自然環境と人間環境の相互関係に光をあてる意味合いが見いだせる。このことを河本大地氏は「Geo as Eco」と表現し，ジオツーリズムを「地球科学的（地学的）資源を主たる対象とするエコツーリズム」ととらえることを提唱しているが，筆者もこの考えが最も妥当であると考える（河本，2011）。

　「エコ」は生物，非生物にかかわらず自然環境全般を包括的にとらえるものであり，「ジオ」は地質や景観を対象としつつ，人間がそれらとかかわってき

た「大地の遺産」としてストーリーを構築していくことが重要となる。ジオツーリズムは「単なる地質現象の見学や化石採集」ではない。「貴重なあるいは重要な地質・地形学的景観を保全している地域における，その景観や環境を損なうことのない持続可能な」ものである（横山，2008）。そして，子どもから大人までの多世代にわたる学びの場やガイドなどの人材育成の機会につながるといった可能性をもつジオパークという場における，地域の多様な特性を反映した見どころ（ジオサイト）を活用することがその本質なのである。

4. ジオパーク，ジオツーリズムの抱える課題

ジオパークは，エコミュージアムと同様，「地域まるごと博物館」や「野外博物館」といったオンサイトツーリズムの一形態に位置づけられる。エコミュージアムは，自然環境と人間環境の地域資源が互いに主役となって活用されるものであるが（深見，2007），ジオパークは，地質や地形といった地学を導入口とし，考古学・生態学・文化的な見どころをジオサイトと位置づけて，「大地の遺産」の価値づけを行うという特徴をもっている。この点を踏まえなければ，ジオパークが位置するジオツーリズムの定着は難しい。われわれ人間の生活は，地学的基盤（= geo）に支えられており，地質や地形の恩恵なくして自然環境と人間環境のかかわり（生態系）は成立しないという側面を学ぶ形に徹する必要がある（図3-3）。

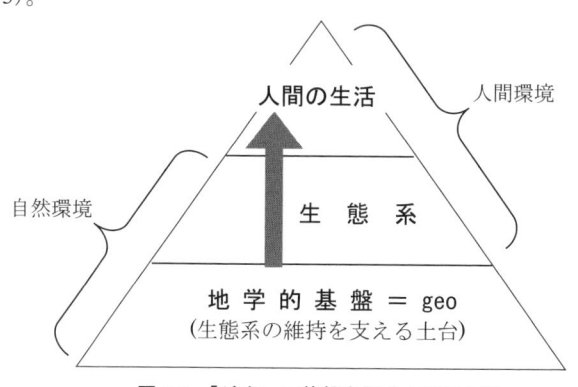

図3-3 「ジオ」に基盤を置く人間の生活
河本（2009）を改変し筆者が作成．

そこで，ジオパークにおいて観光資源を扱う際の課題について具体的に言及していきたい。
　まず，地学・自然地理学は専門用語の多さや地質時間の時代スケールが難解というイメージが一般的に定着している。地層や岩石は，ものいわぬ存在であるがゆえに，動物や植物など，同じ自然環境に由来する観光資源に比べて地味であり，来訪者に多くのジオサイトについて関心をもたせるには相当の工夫が求められることになる。
　たとえば，観光の分野において中心的なコンテンツとなっている歴史の場合，政治史・生活史や人物・建築といった対象がもつ物語性が観光客を惹きつける。大河ドラマやバラエティ形式の歴史を主題とした番組も放送され，歴史は日常生活のなかで比較的メジャーな地位にあるといえる。一方，地層や岩石は一般的にマイナーな存在であり，いくら専門家からみて魅力あるジオサイトであっても，単に岩石名や層序，地質用語を羅列した解説を受けただけでは観光客が満足感を得るのは困難である。筆者自身，理学部地学科の学生時代に，層位学・火山学・地震学といった科目を履修したが，当初は「柱状節理」や「ポットホール」など地学における基礎的用語の意味を立体的にとらえ理解するのに苦労した記憶がある。
　さらに，歴史の場合は有史時代以降であればわずか数千年のスパンのなかで話題が展開されるが，地学では，数十万年前や何億年前まで時間をさかのぼるのはざらである。なぜなら，その期間の地表活動の結果として，現在私たちが生活している場の景観が形づくられているため，歴史の場合に比べてかなりの長さの時間軸の設定が不可避だからである。その過程を，観光客が頭のなかで地質学・地形学的な立体化したイメージを浮かべながら，時間スケールに沿って今の景観につながっていることを把握するには，相当な理解力が求められることになる。
　一方で，筆者は次のような経験から，地学・自然地理学の面白さを実感している。学生のときに履修した堆積学の科目を担当していた教員は，専門用語を平易ないい換えなどを用いて説明してくださった。模型などの教材等を用いて地層の立体イメージを構築させるなどの工夫は，理解や関心の度合いに大きく

プラス影響をもたらしてくれたことを覚えている。加えて，教員自身が講義内容について熱意と関心をもって語られる姿勢が学生にもひしひしと伝わってくる迫力があった。端的な経験の事例ではあるが，この場合のように，専門家がジオパークの現場でファシリテータとしての役割を積極的に担うことで，「地学・自然地理学は面白い」と感じる地域住民や来訪者の存在を地道に獲得していけると考えられる。

　また，世界遺産と同様の構図であるが，ジオパークは「外部」からの高い評価を受け認定される側面は否定できない。これまで述べてきたように，「大地の遺産」としての価値を見いだすのに，専門家の存在は不可欠である。ところが，その遺産の意義を地域住民が共有していなければ，持続可能な活動は望むべくもない。さらに，外部からのお墨つきを得ることは，地域にとってジオツーリズムの活動をより加速させる効果が期待される。それとは対照的に，地域住民が，自地域がジオパークに登録されることと，ジオツーリズムが積極的に展開されることに対してどのような意思を有しているのか，また，それがどのように反映されてきたかが注目される機会は意外に少ない。

　ジオパークは，「公的機関・地域社会ならびに民間団体によるしっかりした運営組織と運営・財政計画」を定義の一つに掲げている。すなわち，地域住民と自治体・民間団体の協働が前提として整っていなければならない。住民の意識に濃淡の差こそあれ，少なくとも，ジオパークやジオツーリズムに対する普及活動が環境教育の場としても期待され，地域における活性化策の方針として，さまざまな観光形態のなかからジオツーリズムを軸としていく点に賛意が多数を占めるような民意を地道に積み重ねていく必要がある[4]。この合意形成の過程を急ぎすぎると，住民に「押し付けられた観光形態」や「やはり地学は難しい」といった思わぬ誤解を招くことになりかねず，さらに一度つくられたイメージを払拭するのはきわめて困難になるといえる。

5．ジオパークによる観光振興のフレームワーク

　これまで述べてきた課題を打開するには，地学や自然地理学など，ジオサイトに学問的な立場から携わっている研究者・自治体職員などがファシリテータ

となり，地域ガイドといった住民を中心とするジオパークの担い手をていねいに育成していくしか道はない。そのために，まずはファシリテータがわかりやすく，魅力的な姿勢で地域住民と継続的な接点を有していくことが求められる。

　ここまでの議論を整理すると，図3-4に示したようなフレームワークを描くことができる。すなわち，ジオパークを，①自然科学的，②地学・自然地理教育的，③社会科学的，といった三つの要素からとらえていくのである。

　①は，地学・自然地理学という学問分野からみた学術的価値を担保し，ジオサイトの候補を挙げる。それを受けて，地域住民は，事前学習や理解力の点からみて観光対象としてのジオサイトとしての妥当性を評価する。そのやりとりを重ねていくことで，ジオサイトの精選という観光資源化の過程の深化がみられるようになる。②は，ジオパークに関心をもつ過程で重要な地学・自然地理学教育の立場から，その普及啓発を行う教育プログラムを構築する場である。いわば，無二の地域資源であるジオサイトを，観光振興の担い手となる地域住民に対して，わかりやすく解説していく生涯学習の場の役割をはたしていく。①と②がジオパークによる観光振興の基盤的な要素といえ，そのうえではじめて③の展開が可能となる。

　たとえば，歴史観光など比較的に蓄積のあるツーリズム形態の場合，①②に相当すると考えられるのは，史跡・有形無形の文化財・建造物・人物史などの精選があろう。歴史観光では，そのプロセスがある程度確立されている。一方，ジオツーリズムでの観光振興の方法は，「大地の遺産」という切り口のもとに展開される新しいものである。「大地の遺産」とは何かを明確にするために，ジオパークやジオツーリズムの定義に立ち返って，地に足のついた地道な取り組みこそ必要とされる。すなわち，「景観や環境を損なうことのない持続可能な観光であり，子どもの教育や大人の生涯学習に資する観光」という側面を重視し（横山，2008），ジオサイトの選定から来訪者の案内に至る一連の活動を確立していくことが③でなされるのである。

　このフレームワークは，今後日本においてジオパークが観光振興の方法として有用な存在となっていくのかを測る一つの基準と位置づけられる。

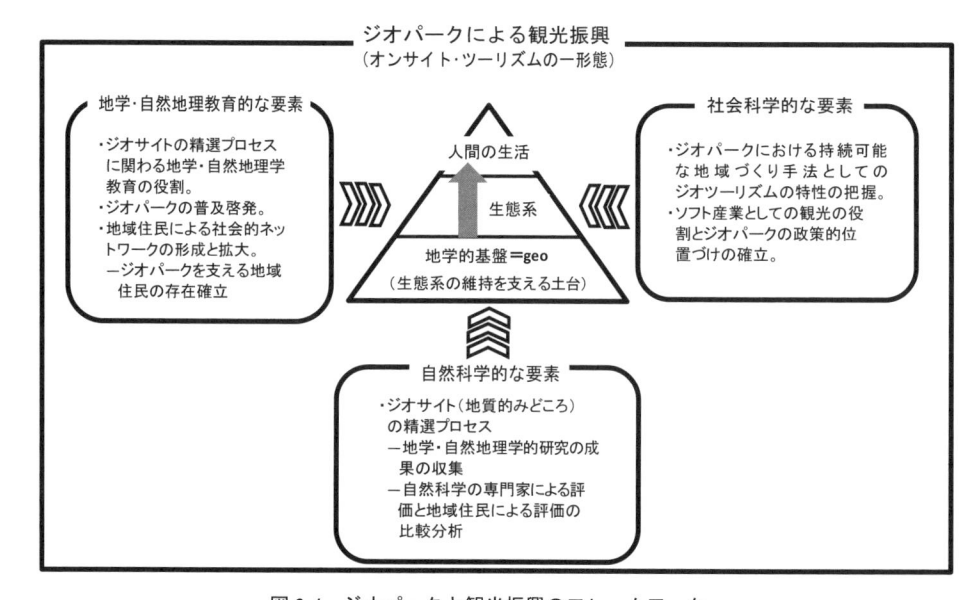

```
                    ジオパークによる観光振興
                    （オンサイト・ツーリズムの一形態）
┌─────────────────────────────────────────────────────────┐
│ ┌─地学・自然地理教育的な要素─┐         ┌─社会科学的な要素─┐ │
│ │ ・ジオサイトの精選プロセス  │  人間の生活 │・ジオパークにおける持続可能│ │
│ │  に関わる地学・自然地理学  │    ▲    │ な地域づくり手法としての │ │
│ │  教育の役割.              │≫≫ 生態系 ≪≪│ ジオツーリズムの特性の把握.│ │
│ │ ・ジオパークの普及啓発.     │         │・ソフト産業としての観光の役│ │
│ │ ・地域住民による社会的ネッ  │地学的基盤＝geo│ 割とジオパークの政策的位 │ │
│ │  トワークの形成と拡大.     │(生態系の維持を支える土台)│ 置づけの確立.│ │
│ │ ―ジオパークを支える地域   │         │                      │ │
│ │   住民の存在確立          │         └──────────────────────┘ │
│ └───────────────────────┘                                │
│                    ▲▲▲                                  │
│              ┌─自然科学的な要素─┐                        │
│              │・ジオサイト(地質的みどころ)│                │
│              │ の精選プロセス          │                │
│              │ ―地学・自然地理学的研究の成│               │
│              │   果の収集             │                │
│              │ ―自然科学の専門家による評 │                │
│              │   価と地域住民による評価の │                │
│              │   比較分析             │                │
│              └───────────────────────┘                │
└─────────────────────────────────────────────────────────┘
```

図 3-4　ジオパークと観光振興のフレームワーク
河本（2009）を大幅に改変し筆者が作成.

6. 求められる地学教育・自然地理学教育の充実

　ジオサイトをわかりやすく解説する人材として，前節までにファシリテータとしての専門家の存在に言及したが，彼らに応える地域住民が主体のガイドの存在も不可欠である．GGN の『各国のジオパークがユネスコの支援を得て世界ジオパークネットワークに参加するためのガイドラインと基準（2008年6月版）』には，とくに学校教育や地域教育の重要性が記されている．すなわち，「大地の遺産」の重要性をとくに「小中学校で郷土の地質，地形，自然地理について教えるカリキュラムを組む」といった地学・自然地理学教育の充実があって，初めて地域に根ざした持続可能なジオパークとして定着していくと思われる．

　ところが，今日の地学教育・自然地理学教育がそれに対応していく体制は危機的な状況といってよい．学校におけるカリキュラムは，学習指導要領の改訂

にもとづき科目の名称や内容，授業時間数も変化してきた。さらに，自然地理学的内容の重心は，次第に理科のなかの地学・生物学へ移行されてきたのが実情である（斎藤, 1998）。そして，拍車をかけるように，高等学校において地学・生物学・物理・化学の基礎的内容を均等に扱う「理科Ⅰ」が廃止されたことに加えて，「地学」を開講する割合が急激に低下し，開講していても受講生は文科系の生徒に制限しているところが大勢を占めている。

　地学は，理科の諸分野に比べ最も総合的な性格をもっている。たとえば，火山災害を扱うには，溶岩の成分分析（化学）や電波による地下探査（物理）から，生態系への影響（生物）や防災行政のあり方（社会科学）まで実に幅広いアプローチが求められる。2011年の東日本大震災を経験した今日，このように地学が備える教育的な役割の重要性に異論はないであろう。

　しかし，ジオパークの取り組みを進めている地域でも，そもそも高校のカリキュラムにおいて地学が開講されていなかったりする[5]。中長期的にみても，この点は地学を本格的に学ぶことなく理科教育の現場に立つ先生方が多くなっていくことも意味する。ひいては地学の面白さを専門家の立場から語れる人材の枯渇を招きかねない。

　さらには近年のいわゆる「理科離れ」も加わり，自然地理学的内容を小学校社会科から系統的に学習できる機会がほとんど消滅してしまったといっても過言ではない。また，自然地理学的教育を含む地理教育に対して，これまで学会レベルで議論の中心にされることも少なかった。たとえば，国内最大の地理学会である日本地理学会が，地理教育の課題についての委員会を設置して活動を開始したのは，1983年の「地理教育のあゆみ刊行検討委員会」以後である。常設の委員会が設置されるのにはさらに15年を要した。同年刊行の『地理学評論』で地理教育の特集が組まれたが，その後の日本史必修化に向けた本格的な議論が進むといった動向を含めて，地理教育の課題は，ようやく広く共有され始めてきた段階と位置づけられる。さらに，「総合的な学習の時間」の誕生で，本時間を活用して地学教育・自然地理学教育の展望を見いだそうとの動きも芽生えている。これらの変遷をまとめると，ジオパークに中心的に関連する科目が，いかに形を変え品を変えて，学校教育のなかに存在してきているかが理解

できる。
　さらに踏み込んで，大学での地学・自然地理学的教育の現状はどうであろうか。「地学」や「自然地理」と名称のつく科目は，教員養成課程のある学部と地学・地理学系の学科を置く学部においてみられる以外は，著しく縮小傾向にあることは否めない。一方で，大学生であっても，ジオパーク，ジオツーリズムにつながるフィールドでの体験や学習の機会不足も顕著であり（深見，2008），環境教育を含む広義の地学・自然地理学的教育が備える「地域を総合的にとらえる」という視点への期待が 2000 年頃より急速に高まったものの，現実にはそれに応えるのが難しい実態がみられる[6]。さらに，もともと「地学」や「地理」を研究室や科目の名称に掲げていたところが，たとえば「環境」へと看板を掛け替える動きも起こっている[7]。しかし，このことが，地学・自然地理学的教育の内容が社会において不要とされてきたこととは直結しない。一例として，ジオツーリズムに有為な人材の育成に注目すると，地学・自然地理学的技能を習得せずに来訪者に質の高いガイド活動を展開することは，ほぼ不可能と考えられる。

7. 地域に根ざしたジオパークとジオツーリズムを目指して

　これまでみてきたように，ジオパークとジオツーリズムを展開していくには，観光研究の分野からみた課題と，地学・自然地理学教育からみた課題とを互いの専門家が理解するところから始めていくことは重要である。その過程で，地域住民に専門家と同等かそれ以上に合意形成に関する場面に積極的に参画の機会を提供し，ジオパークとジオツーリズムに関するボトムアップ的な機運の高まりを追求していくのである。
　以前，筆者は地域ガイドの養成について次の 2 点を強調して訴えたことがある（深見，2009）。
　①観光ボランティアガイドの最も大きな存在意義は，「駆け足ではなく，訪れる人びとの歩く速度や視点」で，とりわけ「知的好奇心と行動力の豊かな［団塊の世代］が定年を迎えるなか，知的資源を活用」することにある（茶谷，2008）。

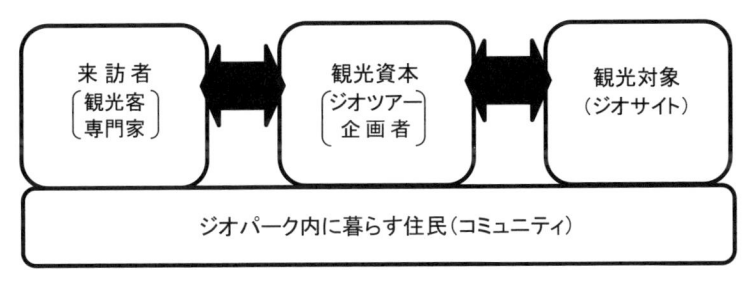

図 3-5　ジオパークと観光を構成する 4 つの要素
筆者が作成.

②その担い手として活躍が期待される地域住民は，多くがそのような活動に関心はあったとしても，それぞれが事前に有する専門的な知識や技能は一様ではない．活動に身を投じていく過程で，地域住民の目線から内容の修正や補足を要する点をみつけ適宜改善を図っていけるのが望ましい．その段階に達して初めて，住民に真の「主体性」が生まれるのである．

このように，地域住民の主体性が高まることで，地域に根づいたツーリズムの展開が可能となる（図 3-5）．とくに，ジオツーリズムはその傾向が強い．これを受けて，観光研究者は，ジオパークやジオツーリズムの定義に立脚して，ジオサイトの解説の難易度やコースの設定に，観光研究の見地から率直な意見を提示していきつつ，より特徴ある観光形態へと発展させていく責務があろう．

また，学校教育における地学・自然地理学的内容の扱いについてであるが，これを急激に変化させることは難しい．ただし，少なくとも学校は地域社会とのかかわりのなかで存続し得るものであるので，ジオパークやジオツーリズムを標榜する地域において，学校教育の立場からどのような点において関与可能なのかを，熟慮する必要がある．

本章では，ジオパークとジオツーリズムの成立に焦点をあて，それらの特徴を把握することと，具体的な展開にあたって留意すべき課題の提示を目的として論を進めてきた．観光研究は学際性が強みといわれているが，ジオツーリズムに関しては事例そのものが新しいとはいえ，研究の蓄積は意外に少ない．そ

れに対し，日本地質学会など地学界を中心として地道な議論が重ねられつつある。この点は，地理学者としては謙虚に評価すべきことである。一方で，地学・自然地理学の専門家が評価する露頭や岩石・地形など（学術的な価値の高いジオサイト）が，必ずしも観光客の指向性にそぐわないケースも往々にして考えられる。ジオパークの場合も，地域住民が紹介したいと思うジオサイトや，観光客が訪れてみたいと感じるジオサイトという観光研究的な視点からみた需給の均衡を事前に把握しておくことで，「地域の持続可能な社会・経済発展」への方向がみえてくるのではと思う。

2009年に世界ジオパークが国内に3カ所誕生したことは，1993年に世界遺産が国内に初めて4カ所誕生したケースと同じく，これから次第に知名度は高まるものと考えられる。そうなるまでに，ジオパークやジオツーリズムに携わる者が，折をみてそれぞれの定義に立ち返りつつ，「大地の遺産」の魅力を語る地域ガイドをはじめ地域住民らが一体となり，ジオツーリズムの定着が図られることに期待したい。

付記

島原市役所の江越美香氏には，ジオパークに関するさまざまなご教示をいただいた。この場を借りて，厚くお礼申し上げる。

本章の内容は，鹿児島国際大学附置地域総合研究所『地域総合研究』38 (1)，日本観光研究学会『日本観光研究学会全国大会学術論文集』25に掲載した論文を大幅に加筆修正したものである。

注

1) ジオパークに関する地理学界の動向としては，2009年度日本地理学会秋季学術大会のシンポジウム「ジオパークと大地の遺産百選」が6名の報告者のもとに開催されたのが先駆け的な議論の場と位置づけられる。そのうち，観光研究が専門の立場から論じたものは，河本 (2009)，岩田 (2009) の2件であった。国内でのジオパークの議論は，日本地質学会がパイオニア的存在であり，地学界からのアプローチが中心であることがわかる。
2) これまで，オーストリア，イギリス，スイス，イラン，オーストラリアにあった計5カ所の世界ジオパークで，認定が取り消されている。
3) 日本でも，ジオツーリズムに類似した観光がなされてきたが，そこには地学的な情報発信がほとんど不足していた (岩田, 2008)。このような対象 (きれいな景観, 珍しい化石など)

や行動(きれいな景観を眺めるだけ,化石をもの珍しく見学するだけなど)は,今日でいうジオパーク,ジオツーリズムとは異なると考えるのが一般的である.
4) 世界遺産登録と観光について,地域住民と外部有識者の声が正面から対立している例として,鞆の浦(広島県福山市)がある. 住民の支持,合意形成が疎かになることへの警鐘を鳴らした論考として鈴木(2010)があるので参照されたい.
5) たとえば九州では,比較的県下全般的に地学が開講されているのは,福岡県・熊本県・長崎県・鹿児島県にとどまっている.また,島原半島ジオパークのエリア内にあり,学校規模が最も大きい長崎県立島原高校では,2010年度から正規カリキュラムのなかから地学が消滅した.生徒定員数の削減などの理由で教員配置が難しいという側面があるだろうが,地学教育が危機に瀕していることを示す事例といえる.
6) 月刊『地理』の2002年9月増刊号は,「地理が切り拓く総合的な学習」と題して刊行されるなど,地理が本来有する総合性に期待する声が高まったことを示す出版であったといえる.
7) たとえば,筆者の卒業した鹿児島大学理学部地学科は,1997年より地球環境科学科として新たなスタートをきっている.

文献

岩田修二(2008):ジオパークでの情報発信.地理,53(9),pp.32-38.
岩田修二(2009):ジオパークと大地の遺産百選.日本地理学会発表要旨集,76,pp.14.
岩田修二(2012):「大地の遺産」の集合体としてのジオパークの提唱.立教大学観光学部紀要,14,pp.5-17.
河本大地(2009):ジオツーリズムで拓く地域づくりの未来.日本地理学会発表要旨集,76,pp.12.
河本大地(2011):ジオツーリズムと地理学発「地域多様性」概念-「ジオ」の視点を持続的地域社会づくりに活かすために-.地学雑誌,120(5),pp.775-785.
小泉武栄(2011):ジオエコツーリズムの提唱とジオパークによる地域振興・人材育成.地学雑誌,120(5),pp.761-774.
斎藤毅(1998):「地理教育特集号」の刊行にあたって.地理学評論,71(2),pp.73.
鈴木晃志郎(2010):ポリティクスとしての世界遺産.観光科学研究,3,pp.57-69.
茶谷幸治(2008):『まち歩きが観光を変える-長崎さるく博プロデューサー・ノート-』.学芸出版社.
平野勇(2008):『ジオパーク-地質遺産の活用-オンサイトツーリズムによる地域づくり-』.オーム社.
深見聡(2007):『地域コミュニティ再生とエコミュージアム』.青山社.
深見聡(2008):大学共通教育科目における地理教育の意義-「鹿大キャンパス探検」を事例に-.地理教育研究,2,pp.20-27.
深見聡(2009):観光ボランティアガイドの台頭とその意義-『篤姫』ブームを事例として-.地域総合研究,37(1),pp.45-56.

深見 聡・有馬貴之（2011）：九州のジオパークに対する観光客のイメージ－4つのジオパークにおける観光客アンケート調査から－．地域環境研究，3，pp.47-54.

横山秀司（2008）：ジオツーリズムとは何か－わが国におけるその可能性－．日本観光研究学会全国大会学術論文集，23，pp.345-348.

横山秀司（2010）：わが国におけるジオツーリズムの可能性に関する一考察．九州産業大学商経論集，50（2），pp.3-16.

渡辺真人（2008）：動き始めた日本のジオパーク活動．地理，53（9），pp.26-31.

Boley, B., Nickerson, N., & Bosak, K.（2010）: Measuring geotourism developing and testing the geotraveler tendency scale（GTS），Journal of Travel Research, 50（5），pp.567-578.

Farsani, N.T., Coelho, CO.A., & Costa, C.M.M.（2010）: Geotourism and geoparks as novel strategies for socio-economic development in rural areas, International Journal of Tourism Research, 13（1），pp.68-81.

Newsome, D. & Dowling, R.eds（2006）: Geotourism. Elsevier.

第4章

小規模島嶼におけるジオパーク構築の可能性
― 三島村ジオパーク構想を事例に ―

1. 新しい島嶼観光としてのジオツーリズム
1.1 問題の所在と研究目的

　2013年は,日本ジオパークとして認定された地域が8つ増えて33地域となった。そのうち,洞爺湖有珠山・糸魚川・山陰海岸・隠岐・室戸・島原半島が世界ジオパークの認定を受けている。ジオパークでは「生態学的もしくは文化的な価値のあるサイト」を含む「大地の遺産」の保護を進めると同時に,観光や環境教育をとおした持続可能な地域づくりが展開されており,今後,認定数が増えるにしたがって,欧州や中国といったいわゆるジオパーク先進地における諸種の事例に学び,質の高い日本型のジオパークのあり方を模索していく段階にあるともいえる。その背景には,2000年代以降の特性として,発地型観光 (tourist-oriented tourism) から着地型観光 (community-oriented tourism) へ,見学型から体験や参加の機会を求める目的型への転換の存在が指摘できる。つまり,地域住民がなんらかの形で自地域の観光に主体的にかかわるという新しい観光の時代を迎えつつあり,ジオパークはまさしくこの展開に合致する仕組みとして注目していくべき対象である。

　その際,日本のジオパークの多くが過疎地域に分布していることが特徴的である。そのなかでも,より条件不利地域とされる複数の小規模島嶼が認定を受けている点が特筆される。前述の隠岐や,日本ジオパークに認定されている伊豆大島,天草御所浦,おおいた姫島は,いずれも少子高齢化にともなう過疎化の進行が著しい,国内でも比較的小規模な島嶼にあたる。そこでは,地域ならではの自然資源や文化資源を「大地の遺産」と位置づけ,それらを活かすというジオツーリズムに取り組むべくジオパークの導入を図ってきた経緯があり,

認定後は知名度の向上に関して一定の成果がみられることが報告されている（川辺，2012；林ほか，2013）。

しかしながら小規模島嶼においては，その地理的特性から固有の課題も指摘されてきた。とりわけ，離島振興策として多額の公費を投じ，港湾・道路といったインフラ整備をはじめ，中央の大手資本などによるリゾート開発が進められた事例も多い（山田，2004；深見，2011）。にもかかわらず，その多くで当初期待された経済的な効果などを含む条件不利の克服につながったかといわれれば，実情は非常に疑わしい。むしろ，公共事業に依存した短中期的な地元の雇用創出という性格が色濃く，地域資源を活かした持続的な観光の取り組みに昇華した事例は決して多くはない実情を直視しなければならない（小林，2012）。

以上のような問題意識に立って，本章では新しい観光形態としてのジオツーリズムに注目し，とくに小規模島嶼に焦点を絞って，ジオパークの仕組みを導入することの可能性について検討を加えたい。

1.2　研究方法

小規模島嶼における可能性を探るために，現在，日本ジオパークの認定を目指している地域（日本ジオパークネットワーク〔JGN〕の準会員）のなかで，2013年9月現在唯一，小規模島嶼から構成されている三島村ジオパーク構想を研究対象として取り上げる。本構想は，鹿児島県三島村の有人3島（黒島・薩摩硫黄島・竹島）をおもなエリアとして，とくに薩摩硫黄島を中心に具体化の動きがみられ，2015年頃の日本ジオパーク認定を目指している。

筆者は，2013年9月と12月に，三島村役場および薩摩硫黄島において聞き取り調査およびアンケート調査を行った。聞き取り調査の対象者は，それぞれ役場職員および島内住民に設定した。具体的には，村長の日高郷士氏，総務課長の大山秀人氏，薩摩硫黄島出身で退職を契機にUターン移住した60歳代男性と，Iターン移住者である20歳代女性とした。聞き取りは，非統制的な自由な発話の収集に努めたが，対象者本人の「自分史」的内容と，客観的事実として登場した三島村ジオパーク構想に関する内容の2点を大別して把握していった。それらのうち，本研究の目的に沿った内容を，文脈を損ねない範囲で抽出

し整理したものを記していく。アンケート調査は，三島村役場の協力のもとに2013年9月に配布調査法により行った。薩摩硫黄島における全67世帯（2013年8月現在）を対象とし，1世帯から1票の回答を求めた。その結果，45世帯から回答を得た（回収率67％）。

これら結果については，第4,5節で報告する。

2. 研究対象地域（薩摩硫黄島）の概要

本章の研究対象地域である三島村ジオパーク構想のとくに中心に位置づけられている薩摩硫黄島は，人口107人（2013年4月1日現在，住民基本台帳による）の小規模島嶼である（図4-1）。薩摩硫黄島が属する鹿児島郡三島村の同時期における人口は326人，65歳以上の高齢者が45.1％を占める典型的な過疎自治体である。島内には高校がなく，また，雇用の場に乏しいため，人口の減少傾向に歯止めがかからない。

一方で，2001年度に国土交通省離島振興課が刊行した『離島の総合交流支援事業調査報告書』によれば，自然環境や景観のもつ観光資源としての価値はトップクラスの評価に位置づけられている。それらの資源の現存状況が今日もほぼ変化がないことを考慮すると，地域資源を活かすことで観光の活性化が期待されるとの外部評価に大きな変容はみられないといってよいだろう。村役場自体も，「ほかに類のない手つかずの自然の美しさ」が村の観光を特徴づけることを認識しており，とくに薩摩硫黄島の場合，活火山である硫黄岳や温泉，大名竹やツワブキといった山の幸や石鯛などの海の幸に恵まれている。これらを「大地の遺産」と位置づけるジオパークの仕組みが有効に機能する潜在的可能性は高いと考えられる。

薩摩硫黄島が観光対象として注目を集めたきっかけは，1974年に三島村が誘致した（株）ヤマハリゾートが旅荘足摺を開業したことに求められる。南国の自然を売りとし，あわせて飛行場も整備したものの，1972年の沖縄の日本復帰といった影響により1982年に閉鎖された。現在，飛行場は日本初の村営飛行場として個人所有の小型飛行機を中心に利用されているが，住民や観光客の島と鹿児島県本土との往来はもっぱら村営フェリーが担う。2009年度より，

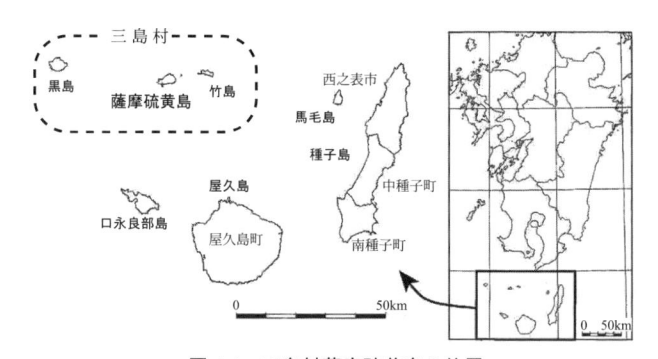

図 4-1 三島村薩摩硫黄島の位置
谷川（2004）より一部改変し引用.

1日1便の鹿児島県本土との往来確保を目指した運航体制が採られている.

三島村全体での年間観光客数は，この数年度は4千人台〜7千人台で推移している。人数自体に極端な増減はみられないものの，鹿児島県旅行業協同組合による着地型観光の取り組みである「みしまにあんプロジェクト」が2012年6月に開始されるといった新たな試みもみられる.

硫黄島港近くの三島開発総合センター内には，本構想のコア施設として「鬼界カルデラ博物室」が置かれ（写真4-1），役場のジオパーク担当専門職員によるモニターツアー（硫黄を使った花火づくりやシーカヤック体験など）が好評を博している（写真4-2）。

写真 4-1　鬼界カルデラ博物室
2013年9月8日に筆者が撮影.

写真 4-2　モニターツアーでも人気の
野天風呂・東温泉
2013年9月7日に筆者が撮影.

3. 三島村ジオパーク構想とは

　本構想は，2012年5月に日本ジオパークネットワーク（JGN）の準会員となり，正式に日本ジオパーク，その後の世界ジオパークの認定を目指す地域としてスタートをきった。推進団体は役場内に置かれた三島村ジオパーク推進連絡協議会で，村長が会長を務めている。同月には，薩摩硫黄島にある三島開発総合センター内に本構想のコンセプトの中心に位置する鬼界カルデラのジオラマや映像，資試料を見学できる鬼界カルデラ博物室がオープンした。ここは，本構想を地域住民や観光客を対象に普及啓発していくジオサイトの拠点に位置づけられている。

　準会員となった翌月に開催された定例村議会の一般質問では，ジオパーク認定に向けた取り組みに関する質問が2件なされている。そこでは，今後の方針

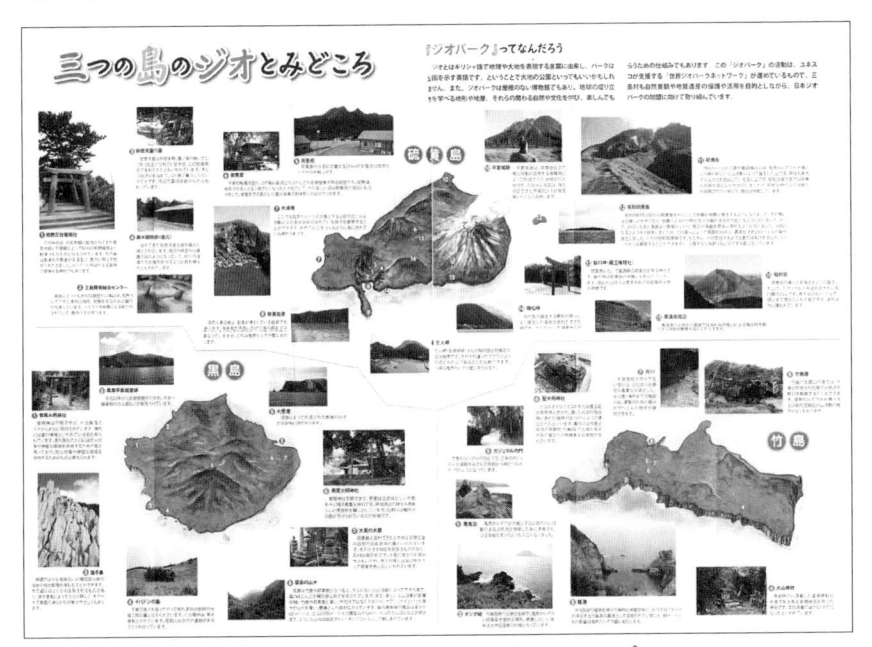

図 4-2 「三つの島のジオとみどころ」マップ
観光パンフレット『他に類のない手つかずの島，無垢の風景―三島村をジオパークへ―』（2013年9月，三島村役場刊）より転載．

として「村民へのジオパークへの理解を進めるための活動に，研修会の開催，ジオガイドの育成，ジオパークツアーの開催」をとおして，ジオパークの意味や意義が村民に伝わっていくように努めることが示された。2013年9月に『他に類のない手つかずの島，無垢の風景—三島村をジオパークへ—』と題した本構想に関する初の観光パンフレットの刊行（図4-2），10月には地球科学を専門とするジオパーク担当の専門職員を配置した。このように，小規模島嶼からなる小規模自治体と推進協議会が一体となった取り組みを着実に進めつつある。

4. 調査結果（1）—三島村ジオパーク構想に関する聞き取り
4.1 自治体の意識

1970年代に進めた大型リゾート開発が頓挫した経緯があり，また昨今の観光形態の変化（着地型観光への関心の高まり）から，島そのものの特色を最大限に活かした地域づくりに徹したいと考えている。つまり，島には島の生き方，やり方があるのではないかという原点を大切にしたい。その際，観光地として注目してもらうには，ジオパークの仕組みやジオツーリズムは最適だと考えられる。この仕組みを村長が知ったのは，2010年に新潟県佐渡島の佐渡市長がみしまカップヨットレースに参加した際に紹介されたのが始まりであった[1]。同じ島嶼であり，地域活性化のあり方を模索していた役場は，村長のリーダーシップのもと，ジオパーク導入の道を選択したのである。

村をめぐる観光客の人数は，懸念されるほど減少したわけでもなく，かといって増えているという認識もない。自治体としては産業の創出のために観光客（島を訪れる人，ひいては島に移住する人）の増加を企図していきたい。つまり，観光が地域に産業の創出をもたらすことを意識しないと，持続的に地域に根ざしたものにはならないと考えている。当然ながら，ジオツーリズムを展開するには，ガイド制度の整備など受け入れ体制の確立に努め，地元にお金が落ちるようにしたい。ジオパークの定義のなかに，地域経済の発展が掲げられていることもあり，この仕組みに挑戦する価値はあると判断した。

ジオパーク構想において，すでにジオサイト（「大地の遺産」の見どころ）

として位置づけているのは，自然環境に由来するコンテンツ（海底部を含む鬼界カルデラの活動など）と人間環境に由来するコンテンツ（俊寛歌舞伎に代表される僧俊寛や平家ゆかりの歴史，独特の民俗行事，硫黄岳の鉱業遺産，アフリカの太鼓・ジャンベについて学べる日本唯一のスクール事業等）など，薩摩硫黄島だけを例にしても多くの地域資源が存在する。これらをジオの視点から活かしていくために，まずは地域住民にジオパークについてよく理解してもらう場を地道に重ねており，今後もその充実を図っていきたい。

　ジオパーク認定に向けた人的・組織的な体制づくりは，小規模島嶼の小規模自治体である本村の場合，決して容易な道とは考えていないが，地域資源の価値については地質学的にも歴史学的にも学識経験者から一定の評価を獲得している。今後は，日本ジオパーク認定のための基準を一つひとつクリアしていく（ジオパークの仕組みを活かした地域づくりの実績づくり）ことに力を入れていきたい。宿泊施設の整備や船舶航路および島内の移動手段（とくにレンタカーやレンタサイクルなど）の利便性の確保など，課題も多いが，自治体としてはジオパーク専門員を中心として構想を充実させ，2015年頃の日本ジオパーク認定を当面の目標としたい。

　しかし，認定を目標とすることそれ自体がすべてではないと認識している。むしろ，こういった仕組みへの可能性を島民挙げて考えていく成果が重ねられることが重要であり，住民と一体となった取り組みを重視したい。住民へのジオパークの浸透度は村広報誌や博物室の開設，モニターツアーの実施などで徐々に高まりつつあるが，まだまだ充分とはいえない。「一番小さな村の一番小さなジオパーク」を標榜し，情報発信を行っていきたいと考えている。

4.2　地域住民の意識
【A氏：60歳代男性（Uターン移住者）】
　A氏は中学卒業後に島を離れ，鹿児島市内の高校を卒業後に鹿児島市内で就職した。退職を直前に控え，このまま鹿児島市で暮らすことも考えたが，現役時と違い就業の機会の心配がいらず，過疎化が進む故郷への愛着から何かでき

ることはないかという思いからUターンを決意した。

　ジオパーク導入の動きについては，この小さな島にとってプラスになると考えている。各地から研究者が訪れており，とくに最近では2013年7月に鹿児島市で開かれた国際火山学・地球内部化学協会学術総会の現地調査地に選ばれ，薩摩硫黄島に国内外の研究者グループが訪れたりするのをみていて，ここが世界的に注目される地であることが理解できた。
　一方で，ジオを観光と結びつけるという視点は，これまでも国の補助事業などで取り組みを促進する試みがあったものの，いずれも決め手に欠け，定着するまでに至らなかった。畜産業のほかはとくに目立った産業もなく，やはり観光業に力を入れる必要があると感じている間に島民の高齢化が進み，今日では観光を地元で担い得るのかさえ疑問視されている。もちろん，見どころとなる地域資源は手つかずのままの魅力に溢れていると思うが，それを活かし支える住民数が手薄になってきたことに危機感を抱いている。規模は大きくなくとも，兼業でガイドをしたり，民宿・民泊を開いたりする制度の確立が最重要課題であろう。
　ジオパーク導入の話も，行政主導であったことから住民にとっては唐突感があることは否めない。三島村の硫黄島では役場の出張所は各所にあるものの，本庁は鹿児島市に位置するため，行政との距離感を覚えることがある。ジオパーク導入に限らず，そういった感覚を抱いてしまうのはやむを得ない面もあるが，ここまで高齢化・過疎化が進み限界集落化も近い状態であれば，自分たちでできることは自分たちでやり，行政にももっと一貫性をもって観光施策を進めてほしい。その意味でもジオパークに期待しているが，島民の一体感の創出は小さなコミュニティであるがまだまだ不足している。自地域にどんな利点があるのかを，外部の力も借りてしっかり周知していく必要性がある。

【B氏：20歳代女性（Iターン移住者）】

　B氏は首都圏出身で大学卒業後に首都圏の企業で勤務していた。このまま勤務を続けていく選択肢もあったが，総務省の「地域おこし協力隊制度」（都市圏住民が希望する過疎自治体に原則最長3年の期間実際に居住しながら，地域づくりなど活性化につながる取り組みに従事するもの）に応募し，薩摩硫黄島にIターン移住した新住民である。

　もともと農業など地域づくりにかかわることに興味をもっており，一念発起して協力隊の制度に挑戦した。Iターンでしかも期限付きの移住ということもあり，最初は自身がのびのびと暮らしつつ，島民のために役立つ活動をみつけられたらと考えている。まずは，自身の日々のようすを定期的にブログなどで情報発信している。

　ジオパーク導入の動きについては，大きな可能性を感じる。縁もゆかりもない立場で島に暮らすようになり，なんといっても衝撃的だったのは，活火山・硫黄岳や各所にわく温泉，鬼界カルデラが形づくった数々の絶景の存在であった。一方で，新たな特産品として椿油を原料とした石鹸や食用油などの生産販売，ジャンベスクールの活性化，八朔踊りなど歴史ある民俗行事といった，自然環境や景観だけではない地域資源の豊富さに驚かされた。

　A氏のように，できることはやっていきたいという住民も存在する。民宿のなかには地元で採れた魚介類や山菜，筍などを利用した創作料理を提供するおもてなしの工夫を図る事例もみられる。

　一方で，とくに首都圏の人間だから思うのかもしれないが，次の2点が気になっている。一つは，地域資源を活かすことで小規模でも経済的循環を創出しようという共通認識が，行政と住民間でみられない点である。二つ目は，高齢化・過疎化によって，ジオパークであっても観光産業を興そうとするには島民だけではマンパワーなどさまざまな面で簡単にはうまく行かないと感じる点である。これらはジオパーク導入に限った問題ではないが，小規模な離島であるここ薩摩硫黄島のように狭いコ

ミュニティの場合,共通認識の形成は達成しやすいかもしれない。一方で,それに至るまでの意識改革や動機づけといった事前の地道な活動の蓄積に,かなり慎重な経過をたどる必要性があると思われる。

　私のようなIターン者が,むしろ地域のなかで色のついていない存在として活用してもらえるような雰囲気の醸成があると,島内外の協力や連携も築きやすいと考える。

---

5. 調査結果 (2) ―ジオパークやジオツーリズムに関する住民意識

　ジオパークという言葉の認知度はその濃淡はあるにしても9割ほどであり,地域の広報誌や新聞・テレビで知ったというものが多かった。また,ジオパークがどのような仕組みなのかについては,漠然と知っている者が6割ほどと多く,確実に知っているという者は2割ほどであった。ジオツーリズムという言葉についての認知は,漠然と聞いたことがあるという者が3割で,確実に聞いたことがある者が2割ほどとジオパークという言葉の認知と比べては低い結果となった。ここでも聞いたことがある者はおもに地域の広報誌や新聞・テレビでという回答が多かった。また三島村がジオパーク認定を目指していることへの認知は約6割となった。

　これらの結果を相関分析したところ,ジオパークという言葉に対する認知が高い者は,ジオパークとはどういうものか知っており,ジオツーリズムに対しての言葉の認知も高く,三島村がジオパーク認定を目指していることも認知しているという傾向がみられた。ジオパークに対する興味については,どちらでもないと答える者が多く,興味があると示した者は少数にとどまった。

　ジオパークやジオツーリズムによる地域の活性化については,肯定的な者が7割近くに達した。ジオパークやジオツーリズムによる地域の活性化に関しては,相関分析の結果から「"ジオパーク"という名前を掲げることで観光客が今までより興味を示してくれる」,「今までの観光スポットに"大地の恵み"という視点が加わることで,観光地として魅力が増す」,「観光資源の保全と利用を同時に行っていくので,持続的に地域の魅力を活用できる」,「過疎や離島

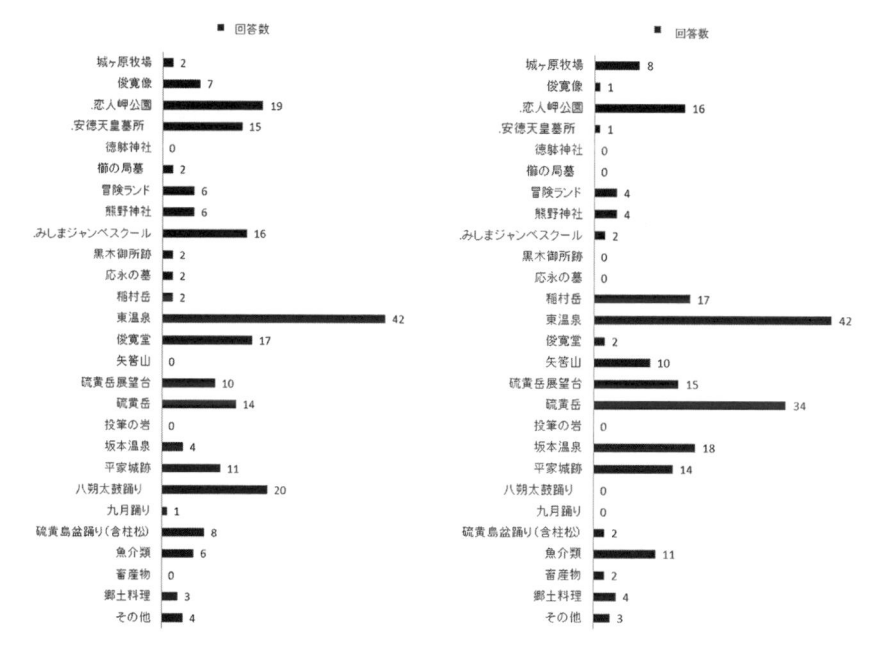

図4-3 「観光地」としての見どころと思う場所(もの)に対する回答(左)と、「大地の恵み」を感じられる場所(もの)に対する回答(右)

場所	観光地(左)	大地の恵み(右)
城ヶ原牧場	2	8
俊寛像	7	1
恋人岬公園	19	16
安徳天皇墓所	15	1
徳躰神社	0	0
櫛の局墓	2	0
冒険ランド	6	4
熊野神社	6	4
みしまジャンベスクール	16	2
黒木御所跡	2	0
応永の墓	2	0
稲村岳	2	17
東温泉	42	42
俊寛堂	17	2
矢筈山	0	10
硫黄岳展望台	10	15
硫黄岳	14	34
投筆の岩	0	0
坂本温泉	4	18
平家城跡	11	14
八朔太鼓踊り	20	0
九月踊り	1	0
硫黄島盆踊り(含柱松)	8	2
魚介類	6	11
畜産物	0	0
郷土料理	3	4
その他	4	3

アンケート調査結果より筆者が作成.

地域での観光の仕組みとして有効である。」といったことに肯定的な意識からきているということが示唆される。

また、ここでいう地域資源の再発見に関してはジオストーリーの構築や普及の場面にも大きな役割をはたす。ジオストーリーとは、「大地の遺産」を軸として自然環境と人間環境の相互関係を明確にする物語である。地域資源に対する住民の意識において、「観光としての見どころとなる資源」と「"大地の恵み"を感じられる資源」の回答に差異があった(図4-3)。ジオストーリーの構築と普及をとおして、現在は観光資源としての認識はなされていない「大地の恵み」と認識されている対象を観光資源として活かしていく可能性や、その逆に「大地の恵み」として認識されていない観光資源を、「大地の恵み」と関連づけて活かしていく可能性を引き出す工夫が求められる(図4-4)。

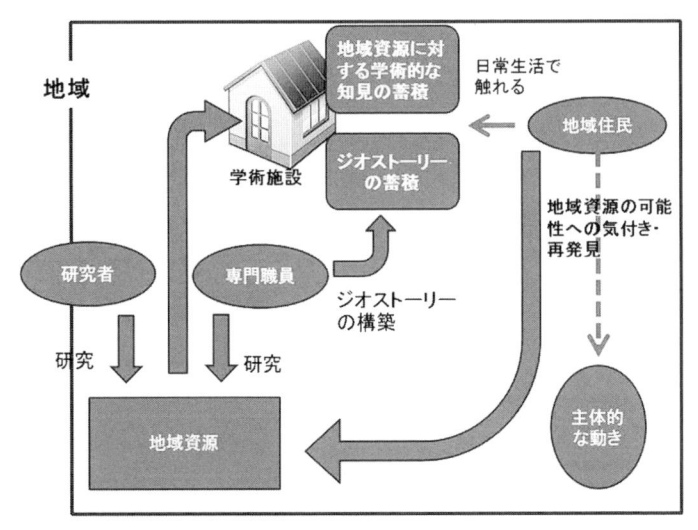

図 4-4　ジオパーク構想の推進と住民意識の醸成モデル
筆者が作成.

6. 考察 ―「大地の遺産」と「合意形成」に向けた議論

　ここまで，ジオパークやジオツーリズムの定義について述べ，とくに小規模島嶼に焦点を絞ってジオパーク導入の可能性に関して，三島村ジオパーク構想を事例に聞き取り調査およびアンケート調査の結果を示してきた。

　そのことを踏まえると，ジオツーリズムはジオパークにおいて展開される持続可能な地域づくりの手法として重視されていることがわかる。しかし，その実態としては，そもそもジオパークやジオツーリズムが何を対象とするのかという「大地の遺産」をめぐる議論，さらに小規模島嶼にジオパーク構想を進めていく際には，行政と地域住民の連携はもちろん，多様な主体の連携以前に高齢化・過疎化，狭いコミュニティという特性を踏まえてていねいに導入すべきという合意形成に向けた議論の蓄積がなされる喫緊の必要性が示唆された。

　これまでの本章における議論を踏まえると，この点に関して以下のように整理できるだろう。

　自治体・地域住民のいずれもがジオパークの仕組みを理解したうえでの，三

島村への導入について高い可能性を抱いていることがわかった。日本国内にすでに複数の小規模島嶼で日本ジオパークに認定された地域が誕生しており，認定審査において小規模島嶼という地理的条件が不利に働くことはないと思われる。むしろ，ジオパークやジオツーリズムの位置づけは定義の明確化とその確認をつねに行いつつ，現場への導入を図る必要がある。さらに定義からすれば，小規模島嶼では空間的完結性の高さから，ゲートウェイとしての有用性が期待できる。

つまり，ジオパークの見どころ（ジオサイト）も決してタダで存在しているわけではなく，それらの保護や研究・環境教育の推進に使途を定めた任意の協力金制度といった資金循環のシステムを検討するべきであろう。アミューズメントパークでは入園料を対価として支払うのが当たり前であるのに対して，日本のジオパークではほとんどの野外のジオサイトへの立ち入りは無料である。小島嶼でのジオパーク導入は比較的徴収対象者を捕捉しやすく，「Geo as Eco」のもとでのジオツーリズムであることを観光客はもちろん地域住民にも意識づける役割を期待できる。

また，①小規模島嶼であるがゆえに，もはや地域住民だけではそれらの仕組みを支えることが人的にも経済的にも困難な点，②かつて中央資本による開発がなされたり，役場が三島村外の鹿児島市に置かれているため住民との距離感は払拭し難く，観光の持続可能性を希求する議論が住民主体で実質化される視点に乏しかった，という二点については，少なくとも克服を試みる取り組みを始めることが，ジオパーク導入の最大の意義といえる。

①に関しては，Iターン移住者や協同組合がすでに連携の動きをみせているが，それらを改めてジオパーク導入を目的とするという合意形成を経られるかが大きな分岐点となるだろう。②に関しては，ジオパーク導入においてジオパークの仕組みを知るというきっかけが自治体主導であったとしてもなんら問題ではない。大切な点は，仕組みを知った後，実際にジオツーリズムを展開する担い手が住民主導でなければ，過去と同じ失敗を繰り返すことになりかねないということである。現在生まれつつある連携をさらに充実させ，NPOなど島外の人びともメンバーに加えた，地縁によらない関心テーマ別にネットワークを

構築したコミュニティ創出の有無が，導入の可能性を大きく左右すると考えられる。前提として，地域住民の理解がなければ持続不可能なものになる危険性を，関係各位で共有して認識する必要がある。

地域の主体的な取り組みが基本とされるジオパークにおいて，理論上の可能性，とくに人的規模の制約などの与件という現実との乖離をどうとらえていくのかを喫緊の課題ととらえ，導入の過程を慎重に進めていくべきであろう。

7．これからの島嶼におけるジオパークの役割

本章では，島嶼におけるジオパーク導入の可能性を探るために，小規模島嶼から構成されている三島村ジオパーク構想を事例として，三島村役場および薩摩硫黄島住民のジオパーク導入に対する意識について聞き取り調査およびアンケート調査の結果にもとづき検討を加えてきた。

そこから浮かび上がってくるのは，理論上の可能性，そして小規模島嶼であるがゆえのゲートウェイ機能の作用という利点と人的規模の制約という問題点の存在である。これらを克服すべきいくつかの提案も記したが，本章の内容が，今後これらの具体的な試案づくりなどの議論を深める端緒となることを願っている。

GGN にもとづくジオパークの仕組みは日本国内には 2008 年に導入され，これからさらに定着化していくと思われる。そのために，日本におけるジオパークのあり方に関する議論が蓄積され，今後ジオパークが，衰退した地域の活性化を支える仕組みとして高い認知度を獲得できるかの試金石にある。ここで明らかになったジオパーク推進過程の課題を克服することがジオパーク認定地の増加にもつながるであろう。そして，国内の事例の蓄積やジオパーク地域どうしのネットワークが充実していくことにより，日本におけるジオパークの役割がさらに高まっていくことが期待される。

三島村は，2015 年 3 月に，日本ジオパーク認定の申請を行うと発表した[2]。今後，ジオパーク推進過程に住民意識の現状と変容にどのような影響があるのかという点を含め，さらに経年的変化を把握していくところに，本研究の意義をさらに深めていく余地がある。

また，ここで扱いきれなかった小規模島嶼でのジオパーク導入の事例との比較や，聞き取り調査のサンプル数の充分な確保にまでは至らなかった。記して今後の課題としたい。

付記
　本研究を行うにあたって，聞き取り調査に応じていただいた三島村役場村長（当時）の日高郷士氏，同役場総務課長の大山秀人氏および薩摩硫黄島の地域住民の方々に，深くお礼申し上げる。本章は，科学研究費補助金・若手研究（B）「担い手のライフヒストリーからみたジオパークの観光化プロセスに関する研究」（課題番号：25870520）の成果の一部であり，東北亜細亜観光学会『Northeast Asia Tourism Research』10（1），長崎大学環境科学部環境教育研究マネジメントセンター『地域環境研究』6 に掲載した論文を大幅に加筆修正したものである。

注
1）この頃佐渡市は JGN の準会員になった直後で, 2013 年 9 月に日本ジオパークに認定された。
2）南日本新聞 2014 年 3 月 21 日掲載記事による。

文献
川辺禎久（2012）：ジオパークを歩く（17）伊豆大島ジオパーク．地理，57（11），pp.16-22.
小林恒夫（2012）：玄界灘小島嶼社会の持続的展開条件（その 4）－小川島を対象にして－．Coastal bioenvironment, 19, pp.3-14.
谷川典大（2004）：大隅諸島への移住者とコミュニティーショート・ライフヒストリーと「語り」－．人文地理，56（4），pp.393-409.
林 広樹・高須 晃・入月俊明・赤坂正秀（2013）：アドバイザーから見た隠岐ジオパークの魅力．地学教育と科学運動，69，pp.18-26.
深見 聡（2011）：環境保全と観光振興のジレンマ－屋久島を事例として－．地域総合研究 39(1・2（合併号）)，pp.43-52.
山田 誠（2004）：南西諸島の経済振興策と経済学アプローチ．地域政策科学研究，1，pp.113-137.

第5章

島原半島ジオパークにおける
体験型フィールド学習と地理教育
― 長崎大学環境科学部「地域力再生プロジェクト」の事例から ―

　ジオパークにおける活動の柱の一つに，環境教育の展開がある。ジオツーリズムも多分にその要素を備えており，ジオパークでの世代やさまざまな属性にとらわれない環境教育の充実を試みることは，当該地域の活性化における基盤的な活動の強化につながるものである。

　このような着眼点にもとづき，ファシリテータや地域ガイドの養成といった取り組みに関する報告は徐々に蓄積されつつある（柚洞ほか，2014）。しかし，都市と農村の交流といった側面から，体験型の環境教育に参加する人びとが実際にジオパークのエリアにある自然環境や人間環境と触れあっているのかを扱ったものは少ない。

　そこで本章では，環境教育を広義の地理教育の一種と位置づけ，ジオパークにおける体験型フィールド学習のはたす役割と課題について述べていく。

1. フィールド学習の舞台としてのジオパーク
1.1　本論の背景

　地理教育の充実は，地域を空間的にとらえることの重要性を考えれば，古くて新しい論点といえる。歴代の学習指導要領には，地理教育的内容のなかに地域での活動（現地調査や巡検などのフィールド体験）を扱うことがうたわれ，それぞれの時代的要請に応えた地理教育のあり方が模索されてきた。現在，小・中・高校においては，「社会科」のなかの地理的分野，「地理歴史科」のなかの地理科目に注目したカリキュラムの検討や，教科教育的指導法の実践といった蓄積がなされている。また，地理的内容を取り扱う「生活科」や「総合的な学習の時間」も包含して，地域の特性を知るという広義の地理教育の役割も注目

されるようになった（斎藤，2003）。

　これに対して，学校教育のなかで地理や地理的内容を扱う教員を養成する大学を対象とした地理教育に関する論考は，他の校種のそれらと比べると，これまであまり注目を集めてこなかった。大学教育全体の傾向として，教授法や評価のあり方などは教員ごとの裁量に委ねられるところが大きく，加えて大学生は本質的には能動的な学びを行う存在である。地理に関しても，大学生の興味・関心や理解度といった実態に対応した教授内容の展開を論じる機会は非常に少なかった[1]。

　加えて，地理の授業における体験型フィールド学習の実施状況は，大学に限らず全校種において実施が容易ではない（松井，1990；牛込，2008；長谷川，2009）。授業時間数削減によりフィールドへ出かける時間の確保が困難になったことも主要な原因の一つといえようが，最も留意しなければならないのは，体験型フィールド学習の指導への過重な負担感や苦手意識が小・中・高校教員の間で高まりつつある点である（山内，2009；横山，2009）。

　その結果，学生たちはフィールドでの学習経験が乏しいまま大学へと進むため，地理は暗記科目といった固定概念を払拭することは不可能に近い。これでは，大学低学年次対象科目に地理学・地理教育的科目が開講されていたとしても，学生に積極的に履修の動機を見いださせることはある意味酷なことといえるかもしれない。さらに，現行の高校における世界史必修化に加え，自治体によってはすでに日本史必修化がスタートしており，地理のおかれた状況は予断を許さない。

　地域を空間的にとらえるには，地形図や主題図の読み取り，航空写真の判読といった地理的技能の習得が不可欠であるが，それと不可分なものとして体験型フィールド学習を位置づけなければならない。筆者は，異年齢集団における体験型フィールド学習の活動に考察を加え，地理教育には学校教育にとどまらない意義が見いだせることに言及してきた（深見，2012）。とくに，地理学・地理教育的科目の場合，フィールドでの学習の機会は，地域への関心喚起を図るうえで，ある意味では室内が中心になる地理的技能の習得よりも優先されるものと考えられる（戸井田，2007）。

1.2 本論の目的

このような問題意識にもとづき，ここでは，筆者が長崎大学環境科学部の課外科目として2009年度に開講した「地域力再生プロジェクト」を事例として，島原半島ジオパーク内で展開された大学生の体験型フィールド教育の現状に触れ，今後の大学地理教育のあり方を展望していきたい。

はじめに，本課外科目の実施に至るまでの背景を述べ，その内容を紹介する。次に，各回当日のようすを学生の発話をまじえながら報告し，各回の成果を抽出する。とくに発話については，参加の前後で学生が地域やフィールド体験に対するイメージをどのように変化させていったのかに注目した。その際，筆者は定性的な社会調査法である参与観察の立場に徹し，大学生たちの発話の収集にあたった。

なお，本章では，地理学と環境学の「地球表面と人間とのかかわりを研究する学問」という共通性に立脚して議論を展開していく。すなわち，ここでいう地理教育とは，地域の特性（地域の人間・自然環境のかかわり）を対象とする環境教育をも包含する広義の意味において用いるものである点を，はじめに述べておく[2]。

2. 課外科目「地域力再生プロジェクト」の概要

2008年3月，長崎大学環境科学部は『長崎大学環境科学部外部評価報告書』を刊行した。これは，本学部創設から10年の節目を期に，本学部が外部評価実施委員会を設置し，当該委員会が委嘱した外部評価委員による点検・評価を受け，それまでの教育および研究活動の総括と今後の展望をとりまとめたものである。この報告書では，以下の5つが今後の学部教育充実のための主要な論点として抽出された。

① 環境学のあり方を踏まえた本学部の理念と教育目標のさらなる明確化
② 総合的環境学教育体制（文理融合）のいっそうの具体化（カリキュラムの整備と授業科目の精選）
③ 体験型フィールド教育の実施

④ 社会の期待と要請に応え得る環境学のあり方にふさわしい研究の推進
⑤ 地域（長崎－東アジア）の教育研究拠点としての展開

　これらの内容は，環境学を教育研究する学部として国立大学で最初に設置された本学部のさらなる発展を期し，その特色を打ち出すうえでいずれも不可欠なものである．本学部関係者に限らず，地理教育に携わる者がつねに留意すべきものといえよう．
　とりわけ，20世紀後半以降，地理学やその相互啓発（Interaction）の関係にある環境学に対して社会が要請してきていると思われるのは，現実に発生している環境問題の解決への貢献である[3]．このことを想起すれば，地理教育の充実を図る際に，室内での理論研究や地理的技能の習得と，フィールドで地域の実情に触れつつ問題意識を高め，その解決策を模索する能力を涵養することとは，いわば車の両輪として不可欠であり，このことはつねに認識しておく必要がある（長崎大学文化環境/環境政策研究会編，2001）．このような観点からみれば，地理教育を推進するにあたっての中核的な検討課題として，とくに③の指摘に注目する必要がある．
　すでに本学部は，外部評価での指摘を受けてカリキュラム改革の検討を行ってきており，体験型フィールド教育を充実する方向となっている．このようなカリキュラム検討の議論と同時並行的に，パイロット的な課外授業を実施することで，より実践的な体験型フィールド教育の新規科目の提供につながることが期待でき，他の類例においても参考となる成果が得られるものと考えられる．

2.1　地域連携協定の締結

　2007年4月，本学部は，雲仙市および長崎県環境部との三者で「Eキャンレッジ（E-CAMPLLAGE）」協定を締結した．キャンレッジとは，キャンパス（Campus）とビレッジ（Village）からなる造語である．これは，「雲仙市を中心とする島原半島地域で持続可能な開発のための地域に根ざしたアプローチ（エコビレッジプログラム）の推進と，それを支援しまた活用した形での教育研究活動（エコキャンパスプログラム）」の活性化を目的としている（長崎大学環境科学部，2008）．

この協定の柱に,「大学での教育研究プログラム等諸活動」があり,学生に体験型フィールド教育の充実を図ることがうたわれている。

　これらを背景にして,カリキュラム整備も視野に入れつつ,パイロット的な課外授業として,地域の受け入れ団体の協力のもと2009年度より「地域力再生プロジェクト」を行うこととなった。

2.2　実施の目的

　「限界集落」という言葉に象徴されるように,人口減少や少子高齢化の動きは私たちの身近な地域にも進行している。一方で,「スローライフ」や「ルーラル・ツーリズム」といった,サスティナビリティ (Sustainability) ＝持続可能性を模索した取り組みも各地でみられるようになっている。宮崎県では,当時の東国原英夫知事の音頭で「限界集落」を「いきいき集落」といい換えるといった動きもあり[4],「限界」という負のイメージだけではない,中山間過疎地域のもつ豊かな自然や人びととのふれあいといった「前向き」な姿を前面に強調する事例も多くなっている。しかし,限界集落での生活は決して便利なものとはいえず,現実には急激に変貌する地域のなかに暮らす住民の内なる葛藤もみえ隠れする（寺床,2009；夫・金,2010；藻谷,2013）。

　また,現代における地域のコミュニティは,特定の地域内における閉鎖的な結合ではなく,地域内外の各種の地縁団体やNPOがネットワーク化した存在となっており,さまざまな主体が連携して地域の活性化のために協働している。このような協働は,もはや「するべき」ものではなく,「しなければならない」存在となっている。大学も,このようなネットワークに参加することによって,その協働主体の一つとしてコミュニティを構成し得るといえる[5]。

　そこで,本科目は,島原半島ジオパークのエリア内に位置する典型的な中山間過疎地域として長崎県雲仙市小浜町小田山・大木場集落[6]という具体的なフィールドを定め,地域課題の発見や解決の方策を探ること,とりわけ持続可能な地域を築いていく際に重要な,地人相関的な環境意識の内面化を促すべく,次の3つの視点から地域特性への理解を深めることを目標に掲げた。

① 「経験的知識」と「科学的知識」の双方のかかわり，とくに理論や座学だけではみえにくい，地域に発生している喫緊の課題や魅力の存在を，体験をとおして抽出する。
② 地元の人びとが継承してきたローカル・ナレッジ（棚田等の景観，有形・無形の民俗，歴史）を知る。そして，それらが現在，地域力の再生をイメージするときの底流に存在していることを認識する。
③ 学生（若者）が地域にかかわることにどのような意義があるのか，地域の人びととのふれあいのなかから発見する。

3．課外科目「地域力再生プロジェクト」実施のようす

　地域の受け入れ団体である「山彦の会」は，島原半島ジオパークの世界認定を機に誕生した。会長の樫本定夫氏（80歳代男性）と事務局長の岩下忠行氏（70歳代男性）を中心メンバーとし，そのほとんどが小田山・大木場集落の在住または出身者で構成されている。全員が65歳以上の高齢者である。彼らは，雲仙市立小浜小学校の「総合的な学習の時間」の支援や，小田山・大木場地区の活性化に何か役立てないかと日々議論を重ねるなどさまざまな活動をしている。

　今回のプロジェクトは，「山彦の会」や引率教員の人数，輸送手段といった側面を考慮し，最大15～20名で参加学生を募集した（図5-1）。全5回の構成とし，環境科学部の学生を対象にポスター掲示や講義内での参加申し込み用紙の配布等による告知を行った。

　以下，参与観察により収集した大学生の代表的な発話を踏まえつつ，各回のようすを報告する。なお，発話部分の下線は，ここで紹介しきれないほかの発話で

図5-1　「地域力再生プロジェクト」参加学生募集のポスター

も複数挙げられたもののうち，フィールド体験で得た地理教育的効果を端的に表していると思われる箇所について，筆者の判断で施したものである．

3.1 第1回：棚田の活用①〜田植え体験〜

2009年6月12日に，参加学生11名で実施。雲仙市立小浜小学校5年生と合同で手植えを体験した。当初は，小田山・大木場集落の棚田で行う予定だったが，近年猪による被害が急増していることから，「山彦の会」の判断で急遽同じ小浜町富津集落にある棚田へと場所が変更となった。約20cm間隔に稲の植えつけをすることや，1aの田んぼから数十kgの米が収穫できるといった稲作に関する基本的なことがらを中心に聴講ののち，実際に田んぼに入り作業を進めていった（写真5-1）。

写真5-1 第1回目の田植えのようす
2009年6月12日に筆者が撮影．

[発話1]　K₁さん（4年生男子）

　　田植えは初めての経験だった。食べ物をつくる喜びを感じることができそう。頭のなかでは米づくりは大変とわかっていたつもりだったけど，短時間の作業だけでも準備が大変なこともわかったし，猪の被害が本当に深刻なことを考えさせられた。田植えのやり方だけでなく，いろんなことを学べた気がしてよい体験になった。

K_1 さんは，中山間過疎地域で耕作放棄が進むと，獣による被害が急速に広がるという問題を実感したようである．メインのテーマは田植え体験をとおした棚田の保全であったものの，自然環境と人間環境とは密接不可分なものであることに強い衝撃を受けたことがわかる．

3.2 第2回：金浜川の生物調査体験と水利学習

2009年7月12日に参加学生25名で実施．小田山・大木場集落を流れる金浜川の生物調査体験と水利学習を，「山彦の会」をはじめ，三矢泰彦長崎大学名誉教授に生物調査の方法と実際について現地での指導を仰いだ（写真5-2）．

河川で遊ぶ機会は，学生にとっては非常に新鮮であったようだ．事実，河川での事故防止のために，川遊びを禁止している学校も多く，さらに河川改修や水質汚濁によりそれに適さない場所も多くなっている．そのため，参加学生のうち，川に実際に入り生物調査体験があるのは，学部専門科目「野外生物調査」（2単位・前期集中講義）の履修者のみであった．

写真5-2 第2回目の生物調査のようす
2009年7月12日に筆者が撮影．

[発話2] K_2 さん（2年生女子）
　　なんでこんな山のなかに無理やり田んぼをつくってるんだろうと思ったけど，地域の人の話を聞いたりしたら，そこに愛着があるからだとい

うことで納得した。

　川をただ眺めているだけでは，魚とかいるのかなという感じだった。でも，仕掛けをたった10分くらい置くだけで，魚やカニが獲れたのでびっくりした。農薬散布の影響で昔ほど多くはいないと聞いたけど，それでも私の予想以上の多さだった。実際に体験してみないとわからないこととか，知らないこととか多いんだなと思った。夏はホタルも生息してるらしいので，こんな自然をこれからも残していってほしい。

　K_2 さんは，高校で地理を履修していたものの，そのなかで，フィールドで学習する機会は皆無であったという。今回の参加をとおして，とくに棚田や河川といった自然環境に人間がいかに共生してきたのかに興味を抱いたことがうかがえる。そして，体験することで地域の特性がみえてくるという地理を学ぶ醍醐味を感じとったようである。

3.3　第3回：棚田の活用②〜稲刈りと掛け干し体験〜

　2009年10月10日に参加学生17名で実施。第1回で田植えをした稲の収穫および掛け干しを体験した。「山彦の会」の方々による，鎌の使用方法や掛け干しの仕方などの座学を聴講したのち，実際に田んぼに入り作業を進めていった（写真5-3）。

写真5-3　第3回目の掛け干しのようす
2009年10月10日に筆者が撮影．

［発話3］　Rさん（4年生女子）

　　参加する前は，虫とかいたりして，大変かと思っていた。これまで田植えも稲刈りもしたことがなかったので，作業のやり方とか知らなくてイメージがわきにくかった。

　　田んぼのなかに，いろんな生き物がいることもわかった。新鮮な体験だったし，作業内容そのものも一つの勉強だけど，地域での体験の機会がまずあることで，環境への興味が深くなると感じた。それにしても，合間に稲の手入れをずっとしてくれた地元の方には感謝しています。

　Rさんは，稲作そのものの体験への意義を感じながらも，その他の地域環境に対する関心を高めるきっかけにもなったことを強調している。また，室内での学習はもちろん重要であるものの，とりわけ技法的・実学的な学習は，実体験を重ねていかないことにはあまり意味をなさないという点も強く示唆される。

3.4　第4回：地域の人びとと学生との意見交換会

　2009年12月5日に参加学生5名で実施。他の回に比べ参加学生数が少なくなったのは，事前の日時調整に時間を要し，学生への告知期間が開催1週間前になってしまったことが影響したと思われる。

　これまでの3回の活動では，中山間過疎地域の「前向き」な姿に触れることを前面に打ち出したものであるのに対し，今回は「住民の内なる葛藤」に迫ることを目的に，「山彦の会」の会員をはじめ小田山・大木場集落の住民の方々と，今回の学生の体験型フィールド学習に対する感想や，限界集落における地域活性化への意見交換を行った。

［発話4］　Mさん（4年生女子）

　　棚田の景観，木指小学校小田山分校跡の校舎が，地域の方たちにとって，原風景のような存在であることがひしひしと感じられた。あと，高齢化

していくことで，自分たちでいろんなアイデアが浮かんでも，担い手となるつながりを築くことが困難であることが伝わってきた。

　ただ，私たちが入っていくことが，何かのきっかけになればという強い期待をもってもらったのは，学生としては嬉しいし，同時に責任も感じる。自分たちの体験の機会が，もっと私たち学生や地域の人たちに広がっていけばいいなと思う。

　Mさんは，そこに生活する住民にとって，何気ない中山間過疎地域の景観のなかにも，かけがえのない歴史地理学的重層性[7]が存在していることを見いだしている。また，学生が地域とかかわることに対して，地域住民が期待感を抱いている点を強く意識したようだ。

3.5　第5回：収穫した米を使った餅つき体験

2009年12月18日に参加学生14名で実施。小浜小学校5年生と合同で杵を使った餅つきを体験した。「山彦の会」の方々による杵の種類別の使用方法や，田植えから今日に至るまでの作業についての説明を聴講したのち，実際に作業に取り組んだ（写真5-4）。

写真5-4　第5回目の餅つきのようす
2009年12月18日に筆者が撮影．

[発話5] Tさん（4年生男子）

　餅をつくのも初めてだったし，杵をみるのも初めてだった。昔の人は，こういうことを当たり前にやっていたんだと実感できた。
　僕は1回目の田植えから4回参加したけど，どれも初めてのことばかりで，でもそれは昔は当たり前にされていたことなんだと思うと，地域に出て勉強することは大げさにいえば伝統の継承につながる，環境にやさしい生活を振り返ることにもつながると感じた。

　Tさんは，第4回目をのぞく4回の活動に参加していくことをとおして，いかに初めての体験が多かったかを強調している。また，「環境にやさしい生活を振り返る」という言葉が使われているが，これは懐古的な意味合いよりも，むしろ環境問題を身近な地域から考えていくきっかけとして，歴史地理学的重層性に学ぶ能動的な思いを見いだせる。つまり，フィールド体験をとおして，フィールドで学ぶことの大切さを認識しているといえるだろう。

4．考察—体験型フィールド学習の意義

　時間に換算すればわずかな体験の場面であったかもしれないが，広義の地理教育を構成する環境教育に関心の度合いが高いはずの環境科学部の学生といえども実際にフィールドで活動する機会がこれまで決して多いとはいえないことが，参与観察から得た発話により浮き彫りになった。また，本学部の学生の多くは，環境問題を専門に学ぼうと入学してきたわけであるが，だからといって入学以前に地域環境に触れる体験型フィールド学習を豊富に経験してきたわけではないこともうかがえる。
　第3章でも言及したように，高校までの学校教育では，「総合的な学習の時間」や「生活科」（小学1～2年生）・「社会科」（小学3～中学3年生）・「地理歴史科」（高校）が主としてこのような場になり得る内容を取り扱っている。現実には授業時間の確保や安全面の課題などから，フィールドに繰り出す時間の設定は容易ではない（深見，2008）。つまり，地理を高校まで履修していた学生でさえ，本来は地理教育において不可欠な，室内（座学）とフィールドという両輪のバ

ランスが崩れた実態には，懸念を抱かずにいられない。

翻って，大学地理教育の現状はどうであろうか。「地理」と名称のつく科目は，教員養成課程のある学部と地理学系の学科を置く学部においてみられる以外は，著しく縮小傾向にあることは否めない。一方で，大学生の体験型フィールド学習の不足は今回の事例の場合も顕著である。環境教育を含む広義の地理教育が備える「地域を総合的にとらえる」という視点への期待が20世紀後半より急速に高まっていても，現実にはそれに応えるのが難しい実態がみられる。さらに，もともと「地理」を研究室や科目の名称に掲げていたところが，「環境」へと看板を掛け替える動きも起こっている。

しかし，このことが，地理教育が学校や社会において不要とされてきたのではない点は留意すべきである。フィールド学習は，地理学・地理教育の専売特許とまではいわないが，他の学問分野においても地理的技能をもたずしてフィールドでの活動は成り立たないことは自明であるからだ[8]。よって，少なくとも学習指導要領で「社会科」地理学分野や「地理歴史科」という教科として地理が位置づけられている小・中・高校と比較して，大学では「環境」といった「地理」ではない看板を掲げる科目が，実質的に地理教育の役割をはたしているケースが圧倒的に多いといえるだろう。

筆者は，「地理」の名称にこだわりをもち，「地理」科目の復活と拡大を図るべきという動きを否定するものではない。しかし，名より実をとることが本来，教育の主人公である学生にとっても有益であり，それが結果として広義の地理教育の充実につながるという点を，もはや重視するべきと訴えたい[9]。地理教育では，社会的要請が高まっている「環境教育を本来は包含しているのだ」ということをただ論じるだけではなく，実際の教育現場においてそのことを反映していく教員の力量と発信力が大きく問われている。

大学地理教育の活路を見いだすとすれば，地理学と環境学の相互啓発性という関係に注目し，地理学を専攻した教員が「環境」を冠した科目を担当するときに，地理学的技能にとどまらず，体験型フィールド学習の場面で積極的に関与していくことに尽きると思う。まずは，大学生の地理への従来のイメージを，実質的な地理教育の機会を継続して提供していくことによって払拭していくと

いう方法を強く訴えたい。

　この点は痛切な自省を込めて触れなければならないが，わざわざ課外科目に参加した学生であっても，フィールド学習の経験はほとんどなかったに等しく，「環境」を学ぶ者（広義においての地理教育）にとって，デスクワークとフィールドワークの両輪のバランスをとっていくことが重要である。戸井田（2007）の言葉を借りるならば，今回の課外科目の内容は，「"中身"よりも"できること"を優先」することでなんとか当初の予定どおり全5回を終えられたのだが，地域と大学とが相互に連携する緒についたという効果もあったと思われる。とくに今回は，島原半島ジオパークのエリア内に位置することを意識し，まずはできることを提供し合いながら，改善や企画の立案・実行などPDCAサイクルを築いていくという即応性に留意し，体験型フィールド学習を実施していく必要性を感じた[10]。

　限界集落が抱える課題にとどまらず，一方で有する豊かな自然といった魅力を，地域住民の豊富な経験的知識をもとに学べる絶好の機会となったことは間違いない。ジオパークにおけるパイロット的な課外授業としての役割は，一定程度は，はたせたのではないかと考えられる。

5. ジオパークにおける地理教育の充実を

　本章では，課外科目「地域力再生プロジェクト」の実施をとおして得られた参加学生の発話を紹介しながら，ジオパークにおけるフィールド体験学習の重要性を，大学地理教育のあり方を中心に取り上げてきた。

　その結果，学生のフィールド学習の体験は圧倒的に不足していること，それに対して限界集落など中山間過疎地域には，経験的知識の豊かな人材や自然の残された環境という，体験型フィールド学習の場として格好の対象であることの2点が明確になった。とくにここでは，ジオパークという仕組みを活かすことで，環境教育の推進という活動実績の蓄積が生まれ，都市・農村交流という実践的な場面に接する好機が来訪者（学習者）と地域間の主体性につながっていく点に期待したい。

　筆者自身，地理教育のもつ「地域を空間的にとらえる」という使命の理想と

実態とに思いをつねに反芻させながら，ジオパークにおける活動の蓄積とよりよいあり方を模索していきたい。

付記

本科目の実施にあたり，雲仙市の地域団体「山彦の会」の樫本定夫会長，岩下忠行事務局長をはじめとする会員各位には，事前準備から当日の指導に至るまで大変お世話になった。ここに深く感謝申し上げる。

本章の内容は，全国地理教育学会『地理教育研究』7 に掲載した論文を大幅に加筆修正したものである。

注

1) 近年のものとしては戸井田（2007）や杉谷（2009）が挙げられる。いずれも，室内の学習とフィールドでの調査のバランスが地理教育において欠かせないことを指摘している。
2) 広義の地理教育に含まれる環境教育においては，環境問題の底流にはヒトやモノの移動や地域の格差（地域特性）を，「身近なさりげない環境」にまずは目を向けさせていくことが特徴的であり（寺本ほか，1997），体験型フィールド学習にはその要素が多く含まれていると位置づけられる。
3) 環境学は，地理学の学問的発展による細分化の過程において登場したという側面も有する。また，環境学では対象地域の特性把握が不可欠だが，そのフィールドで得るものこそが地理学的成果ということができる（長谷川，2009）。つまり，地理学と環境学とは相互啓発の関係にあり不可分なものといえる。
4) 産経新聞 2008 年 10 月 7 日掲載記事による。
5) 大学がもつ知的拠点としての資源を NPO が咀嚼し地域に還元していくといった，それぞれの得意分野を活かした協働の仕方は，相互啓発を生み出すものとして有効である。
6) 小田山・大木場両地区は，雲仙市小浜温泉街から南東へ 3km ほどの山間に位置する。小田山集落の一部は小浜温泉街と雲仙温泉街を結ぶ国道 57 号沿いにあり，そこからは小浜町中心街まで車で 15 分を要する。2005 年時点で，総農家数 15 戸，農家 1 戸あたりの平均耕地面積は 59.9a である。農家の内訳は専業農家 2 戸，第二種兼業農家 12 戸である。農家数に比例して，経営耕地の減少も進む（表 5-1）。

雲仙市小浜町中心部の南部を流れる金浜川の上流にあり，急峻な斜面に段々と重なる棚田は，1991 年，農林水産省による「美しい日本のむら景観 100 選（農村景観百選）」において「木指の棚田」に選定されている。農村景観百選は，「景観を一つの視点として，自らの地域を見つめ直し，視覚的な美しさだけではなく，農村としての美しさ，快適さを発掘し，全国的に広報普及し，農村地域の活性化に資することを目的として」実施・選定された。「農林水産省・美の里づくり総合ウェブサイト」http://www.maff.go.jp/j/nousin/noukei/binosato/index.html（2010 年 2 月 28 日閲覧）による。

表 5-1 小田山・大木場両地区の農家・経営耕地の推移

年度	総戸数	農家（専業別・自給農家）数				自給的農家	経営耕地 (a)				耕作放棄地面積 (a)	農家一戸当たり経営面積 (a)
		専業	一兼	二兼	計		水田	普通畑	樹園地	計		
1970	58	13	31	14	58		1790	1660	340	3790		65.3
1975	59		28	28	59		1603	1000	280	2883	103	48.9
1980	50	6	10	34	50		1511	681	75	2267	352	45.3
1985	44	6	13	25	44		1283	206	61	1550	178	35.2
1990	39	10	2	27	39	21	1137	355	15	1528	71	39.2
1995	38	5	4	29	38	17	1293	341	66	1717	371	45.2
2000	31					15	1077	3	13	1108	673	35.7
2005	15	2		12	14		780	113	6	899	478	59.9

農林統計協会『2005年農業集落カード』をもとに筆者が作成．

7) 人間が自然と共生しながら文化や歴史を醸成し継承してきたというような，地域を空間的にとらえる視点のことをいう．深見・井出編著（2010）を参照されたい．
8) たとえば，地形図や主題図を読み解けば，地形・植生・集落形態・道路や鉄路の状況・公共施設の位置などを知るなど，地域を空間的にとらえることができる．この作業は，地理的技能の習得抜きに行うことはできない．
9) 筆者も含めてだが，地理学分野の大学院を修了しても，実際には「環境」を掲げるアカデミックポストに就職するケースが増えている．
10) たとえば神田（2009）は，棚田のもつ多面的機能に注目し，さまざまな主体が中山間過疎地域における体験型のフィールド学習にかかわることで，棚田にとどまらず集落全体の課題を，活動をとおして発見し共有できるという地理教育的な効果について言及している．

文献

牛込裕樹（2008）：地理教育におけるフィールドワーク．地理誌叢，50-1，pp.157-163．
神田竜也（2009）：棚田保全と活動・事業主体の展開に関する研究動向．瀬戸内地理，17，pp.1-16．
斎藤 毅（2003）：『発展的地理教育論－ピアジェ理論の地理教育的展開－』．古今書院．
杉谷 隆（2009）：大学における地理教育．お茶の水地理，49，pp.13-19．
寺床幸雄（2009）：熊本県水俣市の限界集落における耕作放棄地の拡大とその要因．地理学評論，82（6），pp.588-603．
寺本潔・井田仁康・田部俊充・戸井田克己（1997）：『地理の教え方』．古今書院．
戸井田克己(2007)：「フィールドワーク指導の課題」『実践・地理教育の課題』．ナカニシヤ出版．
長崎大学環境科学部（2008）：『長崎大学環境科学部外部評価報告書』．
長崎大学文化環境/環境政策研究会編（2001）：『環境科学へのアプローチ－人間社会系－』．九州大学出版会．

長谷川直子（2009）：大学における環境教育と地理教育の連携に関する一所感．お茶の水地理，49, pp.20-26.
深見 聡（2008）：大学共通教育科目における地理教育の意義－「鹿大キャンパス探検」を事例に－．地理教育研究, 2, pp.20-27.
深見 聡（2012）：「生涯学習における地理教育」『巡検学習・フィールドワーク学習の理論と実践－地理教育におけるワンポイント巡検のすすめ－』．古今書院.
深見 聡・井出 明編著（2010）：『観光とまちづくり－地域を活かす新しい視点－』．古今書院.
夫 惠眞・金 科哲（2010）：過疎山村における住民組織の自治機能の維持－広島県安芸高田市川根地区を事例に－．人文地理, 62 (1), pp.36-50.
松井秀郎（1990）：地理教育と野外実習－三重県上野市を事例として－．立正大学文学部論叢, 92 (1), pp.1-19.
藻谷浩介・NHK広島取材班（2013）：『里山資本主義－日本経済は「安心の原理」で動く－』．
山内洋美（2009）：フィールドワークで平野の地形を学ぶ高校地理の実践－地形図の読図を容易にし，人間生活を読み解くための試み－．地理教育研究, 3, pp.58-65.
柚洞一央・新名阿津子・梶原宏之・目代邦康（2014）：ジオパーク活動における地理学的視点の役割．E-journal GEO, 9 (1), pp.13-25.
横山 満（2009）：地理教育巡検の実施にもとづいた身近な地域の巡検学習に関する考察－東京都清瀬市をフィールドとして－．地理教育研究, 5, pp.39-44.

第6章

ジオパーク"先進地"・中国における ジオツーリズム
―伏牛山世界ジオパークの事例から―

1. 持続可能な地域づくりとジオパーク
1.1 問題の所在

　2012年5月に島原半島世界ジオパークを舞台として発表された第5回ジオパーク国際ユネスコ会議の採択宣言（島原宣言）では，ジオパークが防災教育や，地域社会と自然の共存の役割を有する点が強調された。日本で初めて開催された本会議には31カ国の地域から約600人が参加し[1]，ジオパークに関するさまざまな研究発表や交流イベントが繰り広げられた。これは，日本においてジオパークに対する関心がより高まる一つの節目と位置づけられる。

　1990年代より，環境問題の多様化やライフスタイルの変化にともない，持続可能な地域づくりのあり方が注目を集めるようになった。そのなかでも，ツーリズムに寄せられる期待は，地域資源の活用や交流人口の拡大といった面から活発な議論が展開されている。「○○ツーリズム」という用語を耳にする機会も増しており，その一つに，ジオツーリズムやそれが展開されるジオパークがある。しかし，「ジオ」を活かしたツーリズムと聞いても，そのイメージは明確でないとの指摘もある（河本，2011）。

　その背景の一つとして，2004年に世界ジオパークネットワーク（GGN）が誕生し，それを受けて日本においても2008年に日本ジオパーク委員会（JGC）が組織されたように，ジオツーリズムは比較的歴史の新しいツーリズム形態である（尾池ほか，2011）。それゆえに，ジオパークやジオツーリズムとは何かを改めて整理し，今後日本においてこれらの仕組みが根づいていくにはどのような利点や課題が存在するのかを検討する必要がある（この点は，第2,3章で扱っているので参照されたい）。

この点に際して，地理学は最も可能性の高い学問分野であろう。自然環境や人間環境の地域特性を時空間的に把握することを目的とし総合性を指向する特徴は，両者の環境を扱うジオパークの考え方との親和性が高いのがその理由である。たとえば，そこで展開されるジオツーリズムは観光地理学での中心課題に位置づけられるが，自然環境と人間環境のかかわりの視点から地域資源をとらえる必要性は，地理学の最も得意とするところである。

　それに対して，先行研究を紐解くと，必ずしも地理学からこれらの蓄積がなされてきたとはいいきれない。とりわけ日本や中国といった，ヨーロッパとともに世界のジオパークおよびジオツーリズムをリードしていくとみられる東アジアの国々では，むしろ地質学界からの議論が先行してきた実情がある（岩田，2012）。この経緯に対しては地質学界の高い見識に敬意を表すべきであり，地理学はこの点を真摯にとらえる必要があるだろう。しかしながら，これらの持続的な発展を鑑みたとき，地質学界と地理学界の得意とする研究成果の相互の蓄積は，必ず有用なものとなるはずである。具体的には，これまで比較的手薄であったジオツーリズムを中心とする人間環境へのアプローチにおいて，地理学の参画が不可欠と思われる。

　そこで，本章では，GGN が認定した世界ジオパークが最も多く分布する中国の事例にも触れながら，ジオパークおよびジオツーリズムを展望してみたい。実際，中国のジオパークを扱った邦語論文は少なく，とりわけそこを訪れる観光客の声を把握したりジオパークを管理する行政関係者への聞き取りを行ったりしたうえで，日本の事例と比較しつつ論じたものはほとんどない。その意味でも，早くからジオパークに関心を寄せてきた中国における事例はなんらかの示唆を有すると思われ，日本における持続可能な地域づくりとしてのジオパークおよびジオツーリズムのあり方に迫るうえで意義深いものとなろう[2]。

1.2　ジオパーク"先進地"・中国の現状

　ジオツーリズムは，「大地の遺産」の魅力を地域が主体的に発信し，その持続的な展開を指向する観光形態である。同時に，それらが多く展開されているジオパークの仕組みについても，わが国では徐々に関心の高まりがみられる。

その知名度は，2009年に3つの世界ジオパークが誕生して以降，徐々に浸透しているようである。現在までの期間は，欧州や中国といったいわゆるジオパーク先進地の事例に学び，質の高い日本型のジオパークを模索していく段階にある（矢島，2009）。一方，中国では，世界のなかでも早期にジオパークに関心を寄せてきたこともあり，ジオパークの数は世界で最も多く認定されている。そして地質的遺産を積極的に活用することにより，地域振興に対して成果を挙げている。ユネスコ事務局はかつて「中国は先駆者であり，世界ジオパーク運動の推進力である」とまで述べている。

また，ジオパークでどのような具体的な活動が行われているかという点について，2004年に北京で開催された First International Conference on Geoparks（中国語では「第1回世界地質公園大会」と表記）の場において，ユネスコ地球科学部長（当時）の F.W.Eder 氏が次のように端的に表明している（岩松・星野，2005）。

①保全…次世代のために地質遺産を守る。
②教育…地質景観や環境問題について広く大衆を教育し，地質科学に研究の場を提供する。
③ジオツーリズム…持続可能な開発を保障する。

中国では，中央政府が国内独自の制度として国家地質公園制度を確立している。陳安澤（2003）によると，中国の国家地質公園とは，特殊な科学意義，稀有な自然，美学的な鑑賞価値をはじめ，ある程度の規模や国内を代表する地質的遺産をもち，さらに自然景観や人文景観と融合した特定の地域をいう。また，地質遺産の保護，地域経済の発展の促進・文化と環境の持続可能な発展を趣旨とし，人びとに科学的に裏づけられた質の高い観光・レジャー・療養・研究・地球科学の普及など教育の場を提供するもの，とされている。

さらに，中国国土資源部はジオパークを整備する意義として，①地質遺産の保護に応じる，②「精神文明建設」[3] のためになる，③研究や地球科学の普及する教育が行う場所を提供する，④地質資源を活用する手段の一つになる，⑤地域振興や経済発展に貢献する，⑥地質的遺産と社会経済の間に新モデルを構

築する——の 6 点を掲げている[4]。

1.3 問題の所在と研究目的

　中国ジオパークネットワーク（CGN）によると，地質科学の普及活動を実施するうえでジオパークは生きた教材であり，市民に地質科学を普及する際に重要な役割をはたし得る。加えて，中国におけるジオパークの急速な増加は観光産業に刺激を与え，多くの雇用機会を生み出した。2010年の観光産業における直接の被雇用者数は 26 万 6600 人で，間接の被雇用者数は 215 万 4,600 人に達している[5]。2010 年末までに中国国家地質公園の観光客数は 4 億 3800 万人，入場料収入は 226 億 4900 万元に達した[6]。

　これは中国のジオパークがはたす観光的な側面における実績が，着実に伸長していることを物語る。その背景には，中国の世界ジオパークは風景の美観，宗教・歴史の観点を重視しながら，すでに人口に膾炙されている行楽地などが多く選択されているようであるとも指摘されている（岩松・星野，2005）。

　現在，国内外を問わず多くの研究者が，自国のジオパークの現状と今後のあり方を探るために，中国のジオパーク，とくに世界ジオパークに認定された地域を対象とした研究に取り組んでいる。その結果，行政や住民がジオパークに対する F.W.Eder 氏のいう三大活動意義の認識，すなわち「ジオパークは大地の遺産を保全し，一般市民の教育活用に有意義な存在として，経済的寄与も含めた地域社会の持続可能な発展を促すための手段として有効である」として注目されつつある。このように，ジオパークは今後の地域の持続的な発展を考えていくうえで重要な役割を担っていくことが期待される（赵逊・赵汀，2009）。

　一方で,中国の世界ジオパークの抱える課題を指摘した先行研究もみられる。その多くは，中国のジオパークは自然保護区や国家森林公園等にも属する地域がほとんどであり，「多頭管理，多頭建設」，すなわち，各個別の行政機関による重複管理,重複した施設建設の問題など各行政機関の"縄張り意識"が生じ，歩調を合わせる点への改善を説いたものである（董静ほか，2006）。また，世界ジオパークに対応する法体系が充分とはいえず，効果的な規則の整備が急務であり（许涛・田明中，2010），観光客数の増加によって自然環境に対する悪

影響がもたらされる過剰な開発を懸念するものが多い。

　本章では以上の事実認識に立って，中国のジオパークにおける観光（ジオツーリズムの現状と課題）について論じる。具体的には，中国河南省の伏牛山世界ジオパークを対象として聞き取り調査を行い，中国のジオパークの現状と課題についてジオパークの運営に携わる職員の意識を把握する。そのうえで，中国のジオパークにおけるジオツーリズムの今後を展望する。

1.4　研究方法

　筆者と楊燕氏（長崎大学大学院水産・環境科学総合研究科博士後期課程院生）は，中国におけるジオツーリズムの事例に学ぶべく，2012年9月10日〜17日にかけて中国河南省に位置する伏牛山世界ジオパークにおいてアンケート調査および聞き取り調査を実施した。前者は，ジオパーク内にある宝天曼自然博物館を訪れる観光客を対象として，ジオパークに対してどのような認知度や興味，ガイドに対する意識を有しているかの把握を，後者は伏牛山世界ジオパークを管轄する河南省嵩県国土資源局職員というジオサイトの管理を担当する立場からみた，運営体制の特徴や問題点を明らかにすることを目的とした。

　伏牛山ジオパークは，2006年にGGNにより世界認定され，中国ジオパークネットワーク（CGN）によると，本ジオパークは地球科学の普及に最適な対象として位置づけられている。具体的には，地質博物館，恐竜遺跡園，特徴ある地質露頭を実際に目にすることができる地点といった学習・展示施設やルートが多く存在しており，地質・地形を中心とした自然環境をおもにしたスタディツアーのほか，歴史・文化・伝統などの人間環境の要素を融合させたジオストーリーを通じて，各所のジオサイトを楽しめるようになっている。2010年にGGNによる再審査を受けた際にも，これらの活動が高い評価を得ている。

　なお，第2〜4項については，河南省嵩県国土資源局で提供された資料『走进嵩县扩展园区－中国伏牛山世界地质公园地质导游手册』（河南省嵩县国土资源局・河南省嵩县旅游局・河南省国土资源科学研究院编，2010年刊）[7]，『总体规划（2010〜2020）专项研究报告－河南省嵩县白云山省级地质公园、中国・伏牛山世界地质公园嵩县扩展园区』（河南省嵩县人民政府编，2010年刊。以下，

『総体計画書』と記す）をもとに楊燕氏の助力を得て筆者が整理したものである。

それでは，まず中国のジオパークと伏牛山世界ジオパークの概況をみていこう。

2. 中国のジオパークの概要

中国におけるジオパーク制度は，1980年代半ばより，「国家地質公園」の名称で国土資源省が中心となり事実上整備が開始された。中国において，地質的遺産の保護に関して監督管理の役割を担っているのは国土資源省である。世界ジオパークの制度に先駆けて，中国では1985年に国家地質公園の制度が誕生しており，1987年，地質鉱産省が地学上の自然保護を目的とした地質公園を選定している。さらに1995年には地質遺産保護規則を制定した。

1999年4月，ユネスコ第156回執行委員会において，『ジオパーク計画』（UNESCO Geoparks）が策定され，中国がプログラムのモデル国の一つに認定されたことから，国内でのジオパーク制度の整備が積極的に推進された。2000年，国土資源省は公式に国家地質公園の設立に乗り出し，翌年，雲南省の石林をはじめ11カ所が初めての中国国家地質公園に認定された。2004年，安徽省の黄山（p.24参照），江西省の廬山，河南省・雲南省の石林，広東省の丹霞山，湖南省の張家界砂岩峰林，黒竜江省の五大連池，河南省の嵩山の8カ所が，GGNから世界ジオパークに認定された。さらに2006年には，山東省の泰山，河南省の王屋山・黛眉山と海南省の雷瓊，北京の房山，黒龍江省の鏡泊湖，河南省の伏牛山の6カ所が新たに世界ジオパークに加わった。

2013年9月現在，中国には世界ジオパーク100地域のうち，29地域が分布している。この背景には，国土資源省が認定し国レベルの国家地質公園が140地域以上あることからもわかるように，地質遺産に関する制度が比較的充実していたことが挙げられる[8]。

中国の地質公園は，世界ジオパーク（世界地質公園），国家地質公園，省地質公園，県（市）地質公園と4つのランクが置かれている。このうち国家地質公園については，中央政府国土資源省が審査を行う。省地質公園と県（市）地質公園の場合は，省政府を代表する省国土資源庁や県(市)政府がそれにあたる。

国家地質公園の整備が開始された後に，ユネスコが支援するGGNが世界ジオパークの制度を確立した経緯もあるため，中国国家地質公園の定義はGGNの定義と多少異なる点がみられる。具体的には，ジオパークの運営の方法である。すなわち，主体が民間団体中心ではなく，中央・地方政府が主導する方式である点と，その範囲がいくつかの行政区域をまたがる規模になるのは普通であり，ジオパークの出入り口が明確にゲート化されている点である。また，中国のそれらの多くは国内でも開発途上地域に位置しており，そこの住民の生活の改善が経済格差の是正という点からも意識されている。このような背景から，ジオパークの整備やジオツーリズムの展開にかかわるほとんどの活動において行政機関が中心に位置しており，この点は中国のジオパークがもつ最も大きな特徴ともいえるだろう。

　世界の枠組みのなかでジオパークが推進されるようになると，中国はその先進地として研究対象とされるようになった。その結果，中国の人びとがその仕組みを理解し，大地の遺産を保全し，活用していくことが，自然環境と人間環境の共生を踏まえた持続可能な地域づくりに取り組むうえできわめて重要であることが多く言及されている（赵遜・赵汀，2009）。

3. 伏牛山世界ジオパークの概要

　伏牛山世界ジオパークの面積は1340.93km^2，自然保護区面積1296.54km^{2}である。河南省西部に位置し，中国大陸を大きく南北に分ける境界領域ともいうべき重要な地学的要素を備えている。地質学的には，伏牛山は秦嶺山脈の東側に連なるいくつかの山脈（支脈）のうち，大規模なものの一つである。中生代後半に始まる造山運動の「燕山造山運動」，続いて新生代前期にかけて長い地質的時間を経て起きたインド亜大陸とユーラシア大陸の衝突による「ヒマラヤ造山運動」などが山脈形成にかかわっている。その造山活動の間，複雑な褶曲・断層活動を繰り返して現在の山脈群となった。山々はこの間，地球的規模での気候変化の影響を受けながら，降雨と河川の浸食によって谷斜面が刻まれ，現在の多様な自然景観をもつ地域へと変遷していった。この景観形成については約10億年の期間を要し，今日われわれが目にする景観に至ったと考えられている。

伏牛山世界ジオパークは，河南省の南陽市，平頂山市，洛陽市にまたがって位置している。2006年に世界ジオパークに認定された当時は，伏牛山脈の奥地に位置した河南省の南陽地域のみを対象区域とした。2008年には嵩山世界ジオパークと，2009年には興文世界ジオパークと姉妹協定を締結している。温帯および亜熱帯の典型的な自然林・原生林が広く分布し，多様な野生動物と鳥類の生息地，あるいは貴重な天然植物の宝庫ともいえる「宝天曼」世界生物圏自然保護区がある。「一秋林」の滝あるいは龍潭瀑布群をはじめ，花崗岩の峰々が織りなす典型的な景観の一つである「南陽独山玉」，あるいは内郷県衙や南陽府衙，さらには南陽四聖など有名な人文的観光スポットも併せ持ったジオパークといえる。

また，自然景観だけでなく，文化や歴史といった人文的な資源もこの「大地の遺産」の重要な要素となっており，「南陽府衙」「内郷県衙」などの観光地は，南陽四聖（張衡・諸葛亮・張仲景・范蠡）で有名な文人たちの足跡と重なり合って，特徴ある歴史的スポットも多い。名産の「南陽独山玉」の名で売られる，ヒスイやメノウを加工した宝石類の産出・生産も，本地域の特色をなしている。

この山地一帯の地質時代初期からの変遷を証明する一つの例が，世界の9大奇跡の名称で名高い「南陽恐竜の卵化石群」の豊富な出土・発見であろう。卵の化石だけでなく，恐竜の骨格化石も発掘されている（写真6-1）。古生物学上，きわめて重要な研究領域にもあたる。

さらには恐竜の遺物に限らず，この天然林の一帯には，「生きた動植物化石」とでもいうべき，古代からの特徴を今に伝える生物群が残っている。植物では，たとえば「香果樹」「水青樹」「連香樹」「山白の木」などが代表的なものとして挙げられる。動物群では，オオサンショウウオのような両生類が「生きた化石」のような進化の過程で古い特質を残す生物とされる。

本ジオパークの植物被覆度は80％を超え，温帯と亜熱帯の原生林がみられる。多様な野生動物が生息し，また鳥類などの貴重な繁殖地ともなっている。この地区は「宝天曼世界生物圏自然保護区」にも指定されている。それらのジオサイトは一つずつが園区として，明確に出入り口が設置されている（写真6-2）。

本ジオパークは，2009年，河南省の洛陽市欒川県と嵩県が伏牛山世界ジオ

第6章 ジオパーク"先進地"・中国におけるジオツーリズム 79

写真 6-1 伏牛山世界ジオパークのジオサイト
の一つ・西峡恐竜化石博物館
2012年9月12日に楊燕氏が撮影.

写真 6-2 伏牛山世界ジオパークの
龍潭溝ジオサイト出入り口
2012年9月14日に楊燕氏が撮影.

パークの拡大地域としてその範囲に組み込まれた。したがって，2007年に河南省国土資源庁に認定された嵩県白雲山省級地質公園も伏牛山世界ジオパークのジオサイトの一つになった。このようにいくつかの行政区域にまたがるジオパークは，中国にとっては珍しいことではない。

4. 聞き取り調査実施地（白雲山ジオサイト）の概要

　嵩県白雲山ジオサイトは，稀有な地質科学的価値をもつ三叉裂谷系地質遺跡および高い美観学的な価値をもつ花崗岩構造景観を主体とし，自然と人文景観が融合した独特な区域といえる。

　これらを保護するために，嵩県政府は国土資源省から公布された『国家地質公園計画編制技術要求』にもとづいて地質公園の全体計画を制定した。中国国土資源部が2010年に公布し，附属文書を含め，中国各地域の地質公園計画の改善に大きな役割をはたしている。この内容は，すべての国家地質公園や世界ジオパークに適応するべき計画事項である。また，地質公園の所在する地方政府と国土資源管理部門は，地質公園計画を立てることとなっている。嵩県政府は『総体計画書』のなかで，短期目標（2010〜2012年），中期目標（2013〜2016年），長期目標（2017〜2020年）と期間を設け，地質公園の建設を通じて嵩県の観光に新たな発展を促し，観光資源大県から観光による経済強県の転

換を目標に掲げている。さらに，2016年までに嵩県をジオツーリズムの拠点とし，観光業を本県の中心産業にすることや，2020年までに観光業の振興によって経済大県化を図り，ジオパークによって地質的遺産の保護や環境保護を促し，地域の経済発展を遂げることが長期目標に挙げられている。

　それに応えるべく，嵩県は県国土資源局のなかに，県国土資源局，旅遊局，林業局から構成される嵩県地質公園管理事務所を設置している。管理事務所は全県における地質公園に対して監督管理の役割をはたす部署であり，総合課，地質遺産保護課，質量検査課，エンジニアリング技術課の4職能部門からなる。地質公園の建設資金はおもに嵩県政府投資と民間からの融資によって賄われている。一つひとつが独立した位置にあるジオサイト内には，博物館，科学教育のための映画館やテーマ碑（ジオパークを象徴する記念碑）からあらゆる施設の整備や看板の設置まで，インフラの整備はすべて『国家地質公園計画編制技術要求』を基準に進められている。その過程で，豪華なセッティングを施した展示室，博物館，情報化映画館など，箱モノに多額の資金が投じられてきた。

　白雲山がジオサイトになる前の2006年，県内の観光客数は293万人，入場料収入は4,626万元，観光総合収入は5.6億元であった。省級地質公園に認定された2007年，県内観光客数は430万人に上り，入場料収入は5,040万元，観光総合収入は6.3億元に増加した。さらに2008年には，県内観光客数は461万人，入場料収入は5,760万元，観光総合収入は7.2億元，2009年には，県内観光客数477万人，入場料収入6,480万元，観光総合収入8.1億元に達した。このことから，伏牛山世界ジオパークの誕生は，当該地域におけるジオツーリズムの取り組みを促し，白雲山ジオサイトもその一翼を担ったと考えられる。

　『総体計画書』は，ジオパークの概要，地質公園の発展戦略と目標，地質景観および評価，全体的な配置，地質景観および生態環境の保護，地質公園における学術研究，地質公園の解説システム，科学教育活動，観光の振興，地質公園の情報化整備，基本とサービス施設，土地利用と社会制御，地域社会の行動計画，計画実施の保障措置などの大きな項目から構成されている。また，それらの項目はさらに小項目に細分化されている。たとえば，地質公園の解説システムは，解説システム計画の基本原則，地質博物館と科学教育のための映画館

の整備，テーマ碑の整備，解説板，公衆インフォメーションの掲示板，出版物，解説システムの維持と更新といった内容を含んでいる。観光の振興については，目的，顧客市場，観光プロジェクトの開発，ジオツーリズムの記念品開発について詳述されている。計画実施の保障措置については，管理機構の設置，職能区分の設置，プロの技術者の配備，ガイド，管理職務担当者の育成などが挙げられている。

『総体計画書』のなかでは，ガイドに対して，文化素養，自然・文化遺産保護の意識，外国語能力の向上が求められている。これらを達成するために，知識獲得と能力養成のそれぞれについての講座が開講されている。知識獲得に関しては，地質公園の基本概念および基礎知識，地質的遺産と景観の成立背景とその価値，景観と生態多様性の関係，地質構造の歴史（地史），歴史文化と地質のかかわり，ガイドの方法などが扱われている。能力養成では，即効性の高いコミュニケーション能力の訓練，緊急事態時の対策訓練，救護知識や基本技能の訓練などが扱われている。

また，同計画は解説板について，科学性，大衆性，面白さ，国際通用性を重視し，一般市民にもわかりやすい表現で地質景観や地球現象を解説するよう求めている。さらに，外国語の解説内容，解説板の素材や色およびデザインも，周辺の景観を配慮したものとするよう記されている（写真 6-3）。

写真 6-3　白雲山ジオサイトにある国際通用解説板
中国語のほか，英語・日本語・韓国語表記がなされている．
2012 年 9 月 14 日楊燕氏が撮影．

5. 調査結果—観光客と管理者の意識

　白雲山は森林生態区で，花崗岩が形成する構造地形，水流による侵食地形が形成する景観で知られている。海抜 1,320m のポ馬嶺は揚子江，黄河および淮河水系の分水嶺であり，白河，伊河および汝河の起点でもあり，北亜熱帯と暖温帯気候区の境目でもある。全面積は 168km^2 であり，なかには中原の第一峰と呼ばれる海抜 2,216m の玉皇頂がそびえている．また，204 種類の動物，1,991 種類の植物が生息している。森林被覆率が 98.5%以上で，夏の最高気温は 26 度を超えないことから，理想的な観光レジャー，とくに避暑地として知られる。

　行楽シーズンは 6 〜 8 月，1 日あたり 6,000 〜 7,000 人以上の観光客が訪れている。ジオサイト内にリゾートビレッジも整備されているために，自然を楽しみ長い期間で滞在する観光客も存在する。このような観光客の急増は，廃棄物の増加，植物の摘み取りの問題を顕在化させた。

5.1　観光客の意識

　前述の調査期間において，ジオパークやジオツーリズムに関する意識把握のためのアンケート用紙を配布したうえで対面式での記述を依頼し，121 名から有効回答を得た。回答者の年齢層は 20 歳代(47%, 57 名)と 30 歳代(23%, 28 名)で 70% を占め，40 歳代・50 歳代・60 歳代は各 10%（各 12 名），性別は男性 47%（57 名），女性 53%（64 名）である。以下，観光客のもつジオパークやジオツーリズムに対する意識について集計した結果を報告する。

　地質公園（ジオパーク）という言葉に対する認知度では,「聞いたことがある」76%（92 名），「聞いたことがない」24%（29 名）となった。

　上の質問で「聞いたことがある」と回答した観光客に対し，その情報源について質問した（複数回答）。その結果，「インターネット」51%（47 名），「ここに来る途中の案内板や立ち寄った施設」45%（41 名），「本や雑誌, 新聞」32%（39 名）が比較的多数を占め，「知人，友人」9%（11 名）と「テレビ番組」8%（10 名）はそれぞれ少数にとどまった。

　次に，ジオパークに何を期待して訪れたのかについて質問した（複数回答）。

その結果,「豊かな自然」67%（81名）が最も多く,「貴重な地質遺産」39%（47名），「地域文化」38%（46名）とほぼ同数で続き,「新たな知識を得ること」27%（33名）となった。

　また，本ジオパークで有料ガイドが行う解説や応対への満足度について質問した。その結果,「かなり満足」42%（51名）と「ある程度満足」54%（65名）と肯定的回答が97%に達し，ガイドの役割が機能していることをうかがわせる。一方,「どちらでもない」2%（2名),「あまりそう思わない」1%（1名）と否定的回答はきわめて少数であった。

　最後に,「本ジオパークの評価される点と改善すべき点」について自由回答を求めた。そこに記載された記述をKJ法により分類したところ，前者に関しては,「地質景観の素晴らしさ」「自然の豊かさ」「ガイドの解説」，後者に関しては「交通が不便」「衛生管理やごみ問題」と合わせて4つの要素が見いだされた。

5.2　管理者の意識

　聞き取りは，非統制的な自由な発話により行った。それらを，本章の目的に沿った内容について本意を損ねない範囲で整理したものを以下に記していく。

　河南省嵩県国土資源局は行政部門であり，直接に商業的ビジネスは行わない。別に旅遊有限責任会社を設立し傘下に置くことで，ジオパークにおける経済的活動としてのジオツーリズムを推進する運営形態をとっている。旅游局や国土資源局などは業務指導の役割を担っている。

　中国では地域住民を対象としたジオパークの普及教育活動が多いとはいえず，かわりに科学普及に関する特定の課題について大学や学会と連携し，地質公園内に教育拠点を設立する活動が活発である。地域住民との連携の第一歩としては，地元の洛陽市などジオパークを構成する行政区の住民を対象に「年票制度」という公共サービスを開始した。これは，地域住民がジオサイトへの知的関心と理解を深め，同時にレジャー的な要素も合わせてジオパークを身近に感じてほしいという目的のサービスで，地域住民限定の入場年間パスポートのようなものである。

また，ジオツーリズムを推進する一環として，白雲山にはさまざまな入場券の割引制度がある。団体や高齢者，学生，軍人，障碍者など福祉の観点から，優遇措置が必要な人びとに対する割引制度が制定されている。また，割引制度の運用の実際については，毎年見直し改善に努めている。その他，観光客に二次入園制度を提供している。これは，ジオサイトの分布する範囲が広大であることから，観光客が2日目は無料で入園できる措置を講じる制度である。園内移動のために発行されたシャトルバスの乗車券も2日間有効となっており，サイトのなかの宿泊施設を利用する観光客には園内の滞在時間の制限が設けられていない。

　一部のジオサイトでは，地域住民が民宿やレストラン，土産品店などを経営する形でジオパークとのかかわりを有している。地域住民を中心としたボランティア活動などは行われていないものの，住民自身がジオサイト内外に民宿やレストラン，または土産品店などの経営を通じてジオパークとのかかわりを有している。現在，民宿は約30軒存在し，1軒あたりの年収は20万人民元（日本円で約260万円）という（写真6-4）。

　土産物品店や飲食店も開業しているが，一方で白雲山は伏牛山世界ジオパークに属するだけでなく，国家自然保護区，白雲山国家森林公園，嵩県五馬寺林場でもあるため，それらの経営形態や規模が必然的に制限される場合が多い。よって，関係する行政管理部門が多岐にわたり，いわゆる縦割り行政の弊害が起きやすい点は否定できない。公的管理だけではなく民間企業的な形態や規模の経済活動が許可されれば，地域経済の発展によりつながっていくと考えられる。

　また，地域経済の活性化を目的とするジオツーリズムによる観光誘致については，発信力が不足しており，さらに多くの広告媒介やメディアを活かしてアピールする必要性が認められる。ジオパークの目的と既存の保護制度との両立を図るうえで，今は分岐点に立っているといえよう。たとえば，白雲山は国家自然保護区のため，新たな施設建設が厳しく禁止されているが，今後中国において成長著しい中間所得層を呼び込み得るジオツーリズムを発展させていくには，景観などの保護と開発の調和に配慮をしつつ，人びとをさらに惹きつける

第 6 章　ジオパーク"先進地"・中国におけるジオツーリズム　85

写真 6-4　白雲山ジオサイト内で営業する飲食店
2012 年 9 月 14 日に楊燕氏が撮影.

写真 6-5　ジオサイトに掲げられた
ガイド紹介の看板
2012 年 9 月 14 日に楊燕氏が撮影.

仕組みの構築が必要である。
　ガイド制度については，白雲山ジオサイトでは国家旅遊局から承認された「国導証」，すなわち，国からの許可証をもったガイドに解説を依頼することで，観光客にジオツーリズムを体験させる仕組みが構築されている。これも市民への一般的な教育普及という点を考慮して登場した制度であるという。国導証は，「初級」「中級」「高級」に分かれており，ジオサイトへの入場券売り場で，ガイドについての情報が公開されている。各ガイドの情報が写真付きで紹介された看板には，ガイドの氏名，学歴，国導証の級数，使用可能言語や得意とするガイド分野などが示されている（写真 6-5）。ガイドサービスは有料であり，料金はコースによって異なる。観光客は，各ガイドに関する看板の掲示内容を参考にしながら，ガイドを指名してジオサイトを解説してもらうことが可能となっている。

6. 考察——両者の意識からみた特徴とジオパークの将来

　中国におけるジオパークへの取り組みは，地質公園の名称のもとで世界ジオパーク制度が確立する以前の 1980 年代から，中央政府の国土資源省によって整備が始まった。その後，ユネスコが支援する GGN が実務を担う世界ジオパークの制度に適応が図られたため，中国国家地質公園の定義は，GGN の定義とは多少異なる点があるのも理解できよう。しかしながら，中国の「国家地質公園制度」が現在の世界ジオパークに大きな貢献をしてきたことは間違いない。具

体的に言及すれば，目的に大きな違いはみられないものの，ジオパークの定義において公的機関・地域社会ならびに民間団体が運営組織として明記されている点に対して，中国は政府主導の運営方式を採っていることが最も大きな特徴ともいえるだろう。また，国家地質公園の定義に「レジャー，療養」という言葉が登場する点や，実際の聞き取り調査の結果からも，中国の世界ジオパークは地質の景観，歴史や文化の観点を重視しながら，すでに多くの人びとに認知されているテーマパークのような要素をもつことも指摘できる（写真6-6, 6-7)。

　ところで，中国のジオパークのほとんどはおもに国内でも開発途上地域，すなわち国内でも経済的な生活水準が低く，交通が不便な地域に位置しており，そのような地域の住民の生活の改善が国家政策としても必要とされている。このような背景もあって，ジオパークの整備やジオツーリズムの実施に関しては，ほとんどが地方政府からの指導や監督にもとづき進められている。そして，国や地方政府と密接にかかわった観光事業者がジオツーリズムを担っており，観光客の理解を深め，地質学的知識を高め，当該地域の地質的遺産への関心喚起を図る点で，中国独特の制度も加味されていることがわかる。

写真 6-6　伏牛山世界ジオパーク内にある竹製の筏乗り体験のようす
2012 年 9 月 15 日に楊燕氏が撮影.

写真 6-7　伏牛山世界ジオパーク内にある恐竜の
モニュメントと遊具
2012 年 9 月 12 日に楊燕氏が撮影.

　また，中国の世界ジオパークには有償ガイドならびにその団体の設置が制度化されており，この仕組みは他国のジオパークに対しても示唆的なものと位置づけられる。ただ，ジオパークへの地域住民のかかわりが，観光を含む経済活動以外のつながりに乏しく，地域住民を中心にジオパークの普及に貢献することを目的とした協働の度合いは低いといえよう。
　以上のことがらより，中国のジオパークが有する現状を利点と問題点ごとに整理するとそれぞれ次のようにまとめられる。

【利点】
① 1 つのジオパークの面積が広く，地球科学上，重要な意義を有する景観や，豊かな水・森林資源からもたらされる多彩な生態系，それらの自然資源に加え，中国の歴史的人物に関するストーリーなど人文的資源が豊富なサイトも多く点在し，多くの人びとの関心を呼ぶ要素が融合したテーマパークのような性質をもっている。
② おもに国内でも開発途上の地域に位置しており，観光による地域経済の

発展を目標としたジオツーリズムを推進するために，国や地方政府との強力な連携体制が築かれている。
③ 国土資源省から定められた指針や制度にもとづいてジオパークの整備や運営を行うことで，ジオツーリズムの質の担保が図られており，ジオパークごとにばらつきが小さいと考えられる。

【問題点】
① 利潤追求のための開発が中国では支持されやすい傾向があり，ジオパークに関しても同様の傾向がみられる。
② 地域住民が運営に参画する場面が乏しいため，地域住民に対する教育活動が不十分である。つまり，持続可能な発展に関して不可欠な，環境保護や教育の分野により多くの参画の視点を備える余地がある。
③ 中国のジオパークの多くは，国家自然保護区や国家森林公園などにも属するため，ジオパークが目的とする経済活動が制限を受けることが多い。これは政府どうしの協働や強力な推進体制が確保され質の維持が図られる一方で，縦割り行政による弊害もみられる。

　これらの点から導出されるのは，中国のジオパークはジオパークが掲げる3つの具体的活動のバランスをどのように担保していくのかという課題である。つまり，保護・教育・持続可能な発展を，ジオツーリズムの形態に改変を加えたりしながらどのように達成し得るのかを再考する時機にあるものと考えられる。
　ここで注記しておきたいのは，これらの利点や課題が中国のジオパークに固有のものではないという点である。日本のジオパークにおいても，同様のことがらは指摘されており（深見・有馬，2011），いずれにおいても利点の伸長と問題点の改善に努めていく必要があるだろう。

7. これからの中国におけるジオパークの役割

　本稿は，わが国でも関心の高まりつつあるジオパークについて，その先進地

とされる中国の事例に焦点をあて，中国河南省の伏牛山世界ジオパークを研究対象としてジオツーリズムの現状の一端に迫ることを試みた。

その結果，中国のジオパークは国際的な制度が確立する以前から国家地質公園制度を設けるなど，ジオツーリズムの展開に関して高い可能性を有しており，世界ジオパークに認定された地域もそれまでの活動の蓄積に立脚した独自の性質（アミューズメント性）の高さが明確になった。当然ながら，GGN の認定方針を最低限クリアできる水準の運営が指向されているものの，地域住民の参画の面で理念と現実の乖離が顕在化しており，この点は今後中国が引き続きジオパークの国際的な牽引役となり得るのかを決定づける課題と位置づけられる。地域住民がなんらかの形で自地域のジオツーリズムに主体的にかかわる仕組みをどのように再構築していくのか，今後の動向が期待される。

なお，本稿では中国の世界ジオパークの1つに焦点をあてて議論を進めてきたが，他の認定地域の事例との比較考察や経年的変化も踏まえた研究の深化に努めたいと考えている。また，2012 年の第 5 回ジオパーク国際ユネスコ会議における大会宣言（島原宣言）でも示されたように，ジオパークは，ジオツーリズムの展開にとどまらず防災や減災について関心を高める仕組みであるという側面も今後ジオパークの議論を進めていく際に重要な視点となっていくであろう。このことについても，中国を含めた各地のジオパークがもつ役割に注目していきたい。

付記

　中国伏牛山世界ジオパークにおいてアンケートに協力していただいた中国人観光客の皆様，および聞き取りに応じていただいた河南省嵩県国土資源局職員の皆様に，深くお礼申し上げる。

　本研究を進めるにあたり，科学研究費補助金・若手研究（B）「担い手のライフヒストリーからみたジオパークの観光化プロセスに関する研究」（課題番号：25870520），島原半島ジオパーク推進連絡協議会「平成 24 年度島原半島ジオパーク学術研究奨励事業」（代表者：楊燕）を使用した。なお，中国・伏牛山世界ジオパークにおける調査は筆者と楊燕氏（長崎大学大学院博士後期課程院生）が共同で実施した。

　本章の内容は，人文地理学会『人文地理』65 (5) および地域生活学研究会『地域生活学研究』4 に掲載した論文を大幅に加筆修正したものである。

注

1) 中国ジオパークネットワーク（CGN）制作のCD『中国地質公園』（2012年4月）による．
2) 世界的なジオパークの活動については，2000年にヨーロッパでヨーロッパジオパークネットワーク（EGN）が，中国では国土資源部による国家地質公園の認定制度が始まっており，また，2004年に誕生したGGNの事務局がユネスコ本部（パリ）と北京に設置されたことからも，中国のジオパークの仕組みは今後のジオパークやジオツーリズムの発展を考えるうえで大きな存在であるといえよう（渡辺，2011）．
3) 中国語の原文のまま引用している．日本語では，「科学的な知識をあがめ尊び，科学に裏づけられない迷信を打ち破ること」の意味．
4) 中国網 http://www.china.com.cn/zhuanti2005/node_5608381.htm 『建立国家地質公園的意義』（国土資源部による提供資料）による．2012年8月11日閲覧．
5) 同上1)．
6) 同上1)．
7) 『国家地質公園計画編制技術要求』をもとにして作成された『伏牛山世界ジオパークにおける嵩県地域の地質ガイドブック』のことである．
8) 「GGNウェブサイト」http://cn.globalgeopark.org/（2012年4月25日閲覧）による．

文献

岩田修二（2012）:「大地の遺産」の集合体としてのジオパークの提唱．立教大学観光学部紀要，14，pp.5-17.
岩松 暉・星野一男（2005）:ジオパークと地質遺産の保全・活用．地球環境，10，pp.185-196.
尾池和夫・加藤碵一・渡辺真人（2011）:『日本のジオパーク－見る・食べる・学ぶ－』．ナカニシヤ出版．
河本大地（2011）:ジオツーリズムと地理学発「地域多様性」概念－「ジオ」の視点を持続的地域社会づくりに生かすために－．地学雑誌，120，pp.775-785.
深見 聡・有馬貴之（2011）:九州のジオパークに対する観光客のイメージ－4つのジオパークにおける観光客アンケート調査から－．地域環境研究，3，pp.47-54.
矢島道子（2009）:ジオパークとは何か－日本型ジオパークへの提言－．観光文化，196，pp.12-15.
渡辺真人（2011）:世界ジオパークネットワークと日本のジオパーク．地学雑誌,120,pp.733-742.
赵 逊・赵 汀（2009）:地质公园发展与管理．地球学报，30（3），pp.301-308.
陈 安泽（2003）:中国国家地质公园建设的若干问题．资源・产业，5（1），pp.58-64.
董 静・郑天然・张 雪梅（2006）:国家地质公园研究综述．石家庄学院学报，8（6），pp.86-92.
许 涛・田 明中（2010）:我国国家地质公园旅游系统研究进展与趋势．旅游学刊，25（11），pp.84-92.

第Ⅱ部

エコツーリズムと地域

屋久島・横河渓谷と照葉樹林
2011 年 9 月 10 日筆者が撮影.

第7章
世界遺産・屋久島を訪れる観光客の環境保全意識

　地域資源を活かした観光による地域づくりは、地域に固有の自然や文化、歴史に根ざした観光形態を追究していく視点が不可欠である。本書ではそのなかでも、ジオツーリズムとエコツーリズムに絞って取り上げてきた。これらは、地域資源を地域の人びとが価値づけの過程を経て定着していくものであり、着地型観光においても有力な形態として注目されている。
　第Ⅰ部では、ジオツーリズムを中心に述べてきたが、第Ⅱ部では世界遺産（屋久島）のほか、いわゆる条件不利地域とされる対象でのエコツーリズムのあり方について考察を加えていきたい。ここでいう条件不利とは、地理的な条件の制約のもとに位置する島嶼（対馬）、かつて公害が発生していた負のイメージの残る地域（水俣）、災害復興を進める過疎山村（星野）といった対象をいう。これらをとおして、エコツーリズムの本質について考える契機としてほしい。
　そもそも、エコツーリズムとは、国連における「持続可能な開発」を念頭に、自然環境の活用と保全の両立を第一義的にとらえて、歴史や文化、それらを継承してきた人びととの交流といった具体的な相互の環境教育的体験をとおして、地域経済の活性化と環境保全への取り組みの促進を目的としたものである（深見ほか，2003；清水，2005；敷田，2010）。ジオツーリズムの定義と類似点も多いが、エコツーリズムという用語が登場した当初は動植物など生物の生態系への着目が主流であったとされる。その後、定義の深化の過程で、より広範な生態系を織りなす視点（自然環境と人間環境のかかわりなど）を採り入れた観光形態と位置づけられるようになった。
　それでは、本章、第8章にかけて、屋久島におけるエコツーリズムについてみていくことにしよう。

1. 世界遺産登録によるインパクト
1.1 問題の所在と研究目的

　エコツーリズムを掲げた持続可能な観光のあり方が模索されるなか，とりわけ世界遺産をめぐるツアーは，その中心的な位置づけがなされているように思われる。世界遺産そのものは観光振興を目的とした制度ではないが，観光を中心とした地域振興の起爆剤として期待されており，日本国内では世界遺産の登録をめぐって，熾烈な争いが自治体間・地域間で繰り広げられている。

　世界遺産を利用した観光産業は，後世に自然環境を継承するうえでも格好の場ではあるが，多くの人びとに知られることから，自然環境への負荷も懸念されるという矛盾も生じている（鈴木，2010）。したがって，世界遺産登録後の観光客の増加による，多くの人びとの自然環境保護の認識向上や推進，地域経済の活性化といったプラスの側面とともに，一方で観光客の増加による自然環境への負荷といったマイナスの側面にも注目する必要がある。今後，自然を「知ること」と「適正容量への議論」という相互啓発の視点は，エコツーリズムを考える際に避けては通れない（深見ほか，2003；深見，2011）。

　2011年6月29日，ユネスコは東京都の小笠原諸島を世界自然遺産に登録した[1]。先行して登録されている鹿児島県の屋久島と青森県・秋田県の白神山地（ともに1993年登録），北海道の知床（2005年登録）に次ぐ，国内4番目の世界自然遺産の誕生は，テレビなどの報道によって大きく取り上げられた。その論調は，少なからず観光客の増加を予測するもので占められていたように思われる[2]。

　前述のように，世界遺産登録は，地域にとっての「諸刃の剣」であるという指摘がなされて久しい（鈴木，2010；真板・高梨，2011）。本来，世界遺産の制度は，人類の共通財産として「顕著な普遍的価値」をもつ自然や文化を登録し，保護や保全を進めるものであって，観光振興を目的としたものではないからである。しかし，実態は「世界遺産」がブランド力のある観光資源として喧伝されており，世界遺産制度の役割がどこにあるのか，改めて問い直す動きもみられる。

　たとえば，国内の世界文化遺産のなかでも，とくに岐阜県・富山県の白川郷・

五箇山の合掌造り集落（1995年登録），和歌山県の紀伊山地の霊場と参詣道（熊野古道，2004年登録）の観光客の増加が，地域住民の日常生活に支障をきたすほどになっている点は周知の通りである[3]。それに対して，観光客のモラル向上を図る取り組みや，私有地などへの立ち入り制限といった対応がとられるケースも生じるようになった。さらに，人間活動の負荷は生活環境にとどまらず，周辺の自然環境にも波及していくのではないかとの危惧が高まっている。

このように，世界遺産登録によるインパクトはそれぞれあるが，先述の二つのバランスがとれれば，環境保全を柱としつつ，観光を中心とした地域づくりに対しても持続的な発展をもたらすのではないかと考えられる。

屋久島は鹿児島県の大隅諸島に属し，周囲は約132km，九州最高峰の宮之浦岳（1,936m）をいただく，花崗岩が隆起してできた島である。島の面積の約21%にあたる107.47km^{2}が世界自然遺産登録地となっている（図7-1）。

本章では，まずエコツーリズムの"先進地"とされる世界自然遺産・屋久島を対象として，ここを訪れる観光客の環境保全意識の現状を把握する。さらに，その特徴について考察を加え，環境保全と地域の持続的な発展を両立させる一手段として，環境教育プログラムについて論じたい。

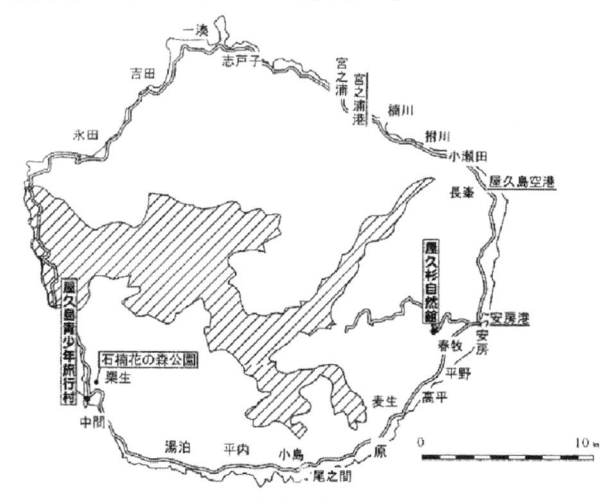

図7-1　屋久島の概要
斜線部が世界自然遺産登録地域．

1.2 研究方法

筆者は，観光客の意識を把握するために，屋久島においてアンケート調査を実施した。アンケートは，全15問からなる調査票（資料7-1として章末に掲載）を用い，2011年9月8日から13日にかけて採取した。

実施地点は，鹿児島港と屋久島を結ぶ高速船フェリーが発着する宮之浦港ターミナルとし，ターミナルから鹿児島港に向けて出発便を待つ観光客を対象とした。調査対象者の選出にあたっては，筆者から「観光客ですか？」とたずね，「観光客」と回答した方（自身で観光客と認識されている方）にアンケート調査票を配り，自記式の方法とした。その結果，158部を回収した。調査結果については，若年層・中年層・シニア層と年代ごとに集計し，それぞれの差異をみていくこととする。回答者となった観光客の属性は以下の通りである（図7-2）。

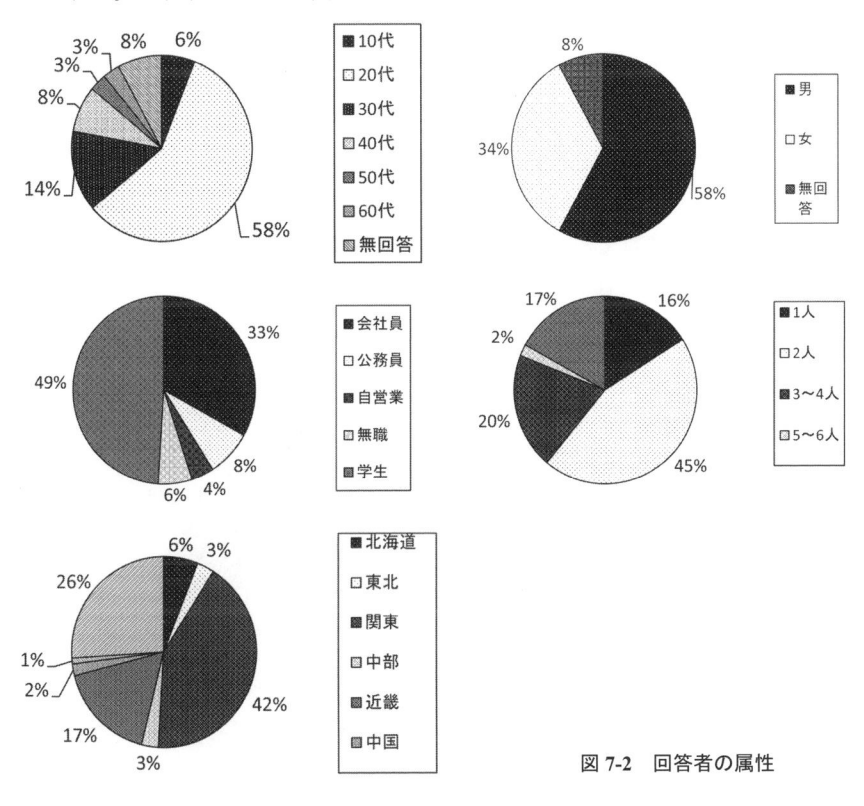

図7-2　回答者の属性

年代別では，10代から30代（若年層）が最も多く占めており，40代から50代（中年層）がそれに続き，60代以上（シニア層）は極端に少なかった。性別は，男性58%，女性34%となった。職業別では，若年層の回答者が多くなったことを反映して学生が約半数の49%を占め，その次に会社員の割合（33%）が高くなった。同行者数別では，1人と2人を合わせて61%であった。出発地別では，関東が42%と，地理的距離の近い九州・沖縄（26%）よりも多くなっており，また，北海道や東北を含む国内各地から観光客が訪れていることがわかる。

2. 調査結果—屋久島を訪れる観光客へのアンケート
2.1 世界自然遺産登録への意識
(1) 世界遺産制度の目的

世界遺産制度の最も基本的な事項について質問した。図7-3は，「世界遺産制度は，自然や文化の保護を目的としたもので，観光振興を目的には掲げてはいません。このことを知っていましたか」に対する回答である。

この質問に対して，若年層，中年層の半数以上が「知っている」と答えた。シニア層に至っては，全員が「知っている」となった。これは，世界遺産が本来もつ保護の役割が，観光客にある程度周知され認識していることを示している。

(2) 世界自然遺産と観光客増加への意識

世界自然遺産に対する意識について調査した。図7-4は，「今あなたが訪れている屋久島は，「世界自然遺産」に登録されています。そのことは，今後，屋久島の観光客が増えるのに役立つと思いますか」に対する回答である。この

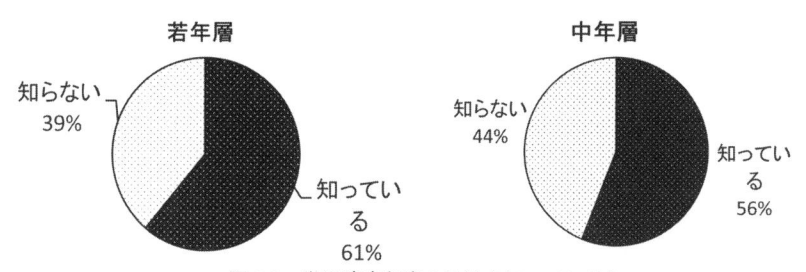

図7-3 世界遺産制度の目的を知っているか
資料7-1にある質問紙の質問5の回答を集計．

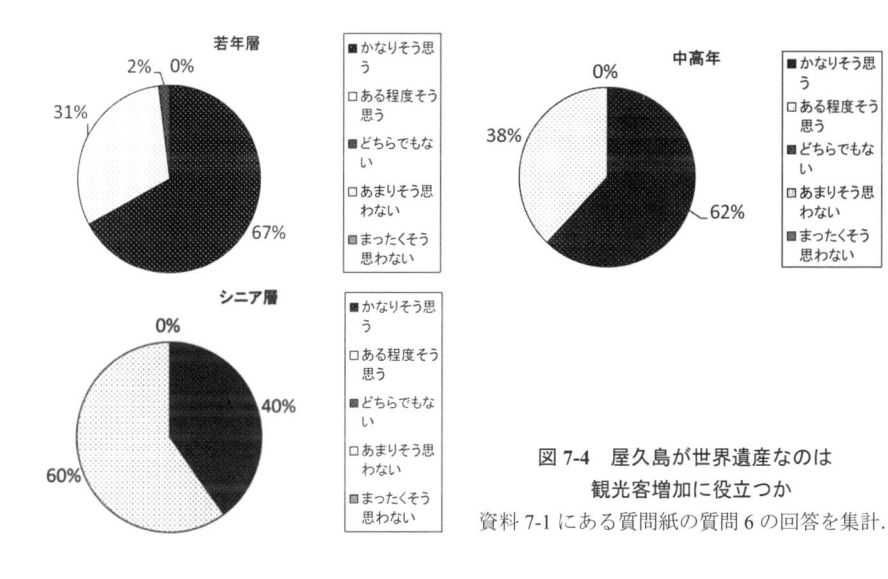

第 7 章　世界遺産・屋久島を訪れる観光客の環境保全意識　97

図 7-4　屋久島が世界遺産なのは
観光客増加に役立つか
資料 7-1 にある質問紙の質問 6 の回答を集計.

質問に対し，3 世代すべて「かなりそう思う」「ある程度そう思う」の項目が 90% を超えた。中年層とシニア層に至っては，否定的な意見がまったく出されなかった。

また，図 7-5 は，「屋久島が世界自然遺産に登録されたことは，地域にとっ

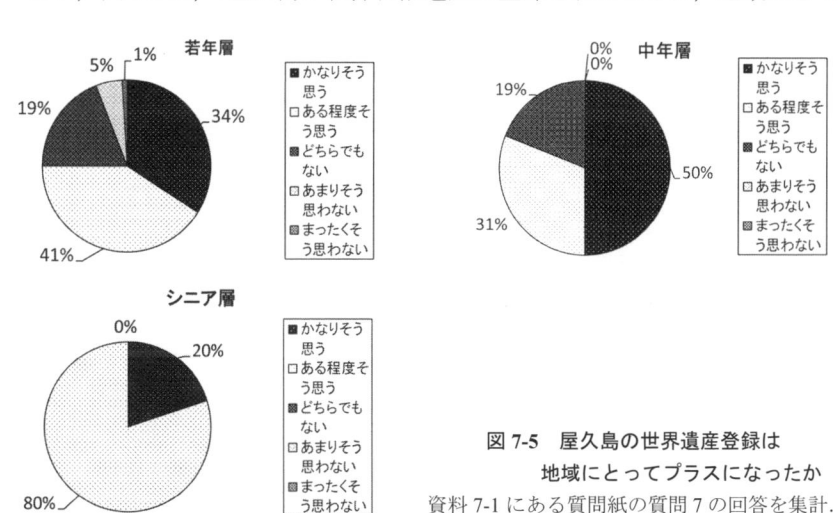

図 7-5　屋久島の世界遺産登録は
地域にとってプラスになったか
資料 7-1 にある質問紙の質問 7 の回答を集計.

てプラスになったと思いますか」に対する回答である。この質問に対し，「かなりそう思う」「ある程度そう思う」を合わせると，若年者と中年層はそれぞれ 65%，81% となり，シニア層は 100% であった。若年層だけは，「あまりそう思わない」の回答もみられた。

この二つの質問の結果は，世代に関係なくほとんどの人が，世界自然遺産の登録は観光客増加につながり，地域にとってプラスになるという意識が高いことを示している。

2.2　入山規制への意識
(1)　入山規制実施への意識

観光客の入山規制に対する意識についての調査結果である。図 7-6 は，「登山客が増えることで，自然環境への負荷が指摘されつつあります。それに対して，入山規制を設けるといった議論がなされている地域もあります。あなたは，入山規制がなされるべきだと思いますか」に対する回答である。

この質問に対して，「かなりそう思う」，「ある程度そう思う」が若年層 78%，中年層 87%，シニア層 80% となった。若年層のみ，「まったくそう思わない」や「あまりそう思わない」など否定的な意見もわずかながらみられた。

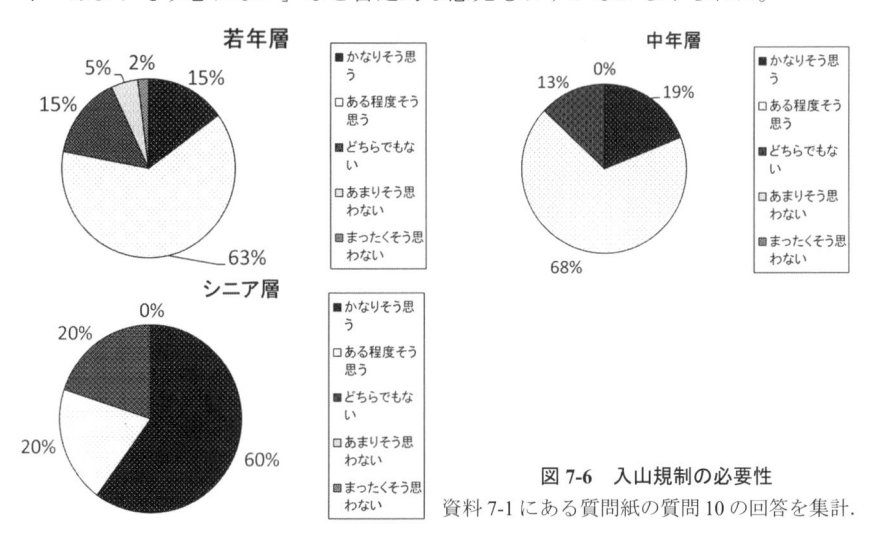

図 7-6　入山規制の必要性
資料 7-1 にある質問紙の質問 10 の回答を集計．

(2) 立ち入り制限条例案否決への意識

　図 7-7 は，「屋久島町役場は，自然環境への負荷を考慮した条例案（たとえば，縄文杉への立ち入りを 1 日 400 人程度に制限し，1 人 400 円の手数料を支払うといった内容）を，2011 年 6 月に町議会に提出しましたが，議会は全会一致で立ち入り制限を設けることを否決しました。あなたはこのことについて納得できますか」に対する回答である。

　この質問に対し，三つの世代とも「かなり納得できる」，「ある程度納得できる」を合わせると半数を超える回答割合となった。また，前記の質問 10 に比べ，入山規制を肯定的にとらえる回答者数は減り，「あまり納得できない」と「まったく納得できない」の否定的な意見は若年層 21%，中年層 25%，シニア層 40% の割合となった。

　この二つの質問の結果からは，入山規制が必要であるといった総論的な賛同が得られる一方で，具体的に 1 日 400 人といった制限や手数料などの条件が提示されることに対しては否定的な意識を抱く割合が高くなる，という傾向が読み取れる。

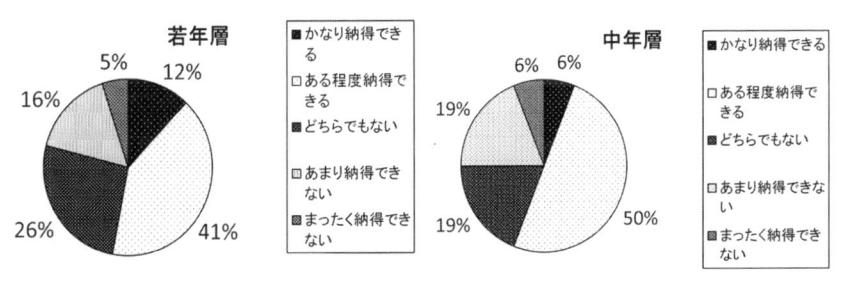

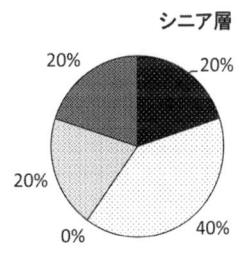

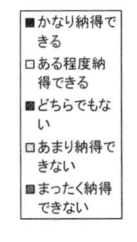

図 7-7　立ち入り制限条例案否決に納得できるか
資料 7-1 にある質問紙の質問 11 の回答を集計．

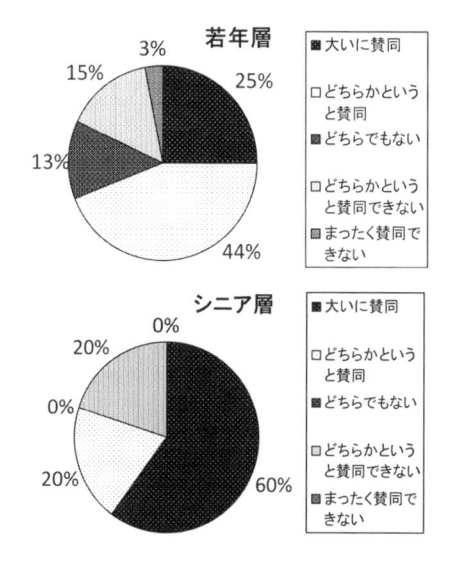

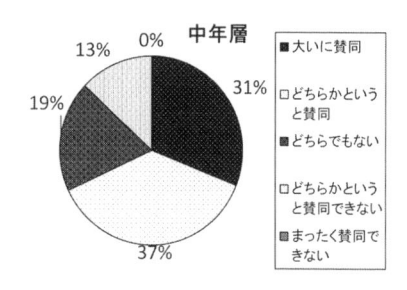

図 7-8　山岳部のトイレ利用の有料化に対する支払い意思
資料 7-1 にある質問紙の質問 12（1）の回答を集計.

2.3　山岳部のし尿処理問題への意識

図 7-8 は,「屋久島の登山時におけるトイレの利用についてお聞きします.（1）あなたが利用したトイレが,有料（高くても 200 円）であったとします. このことについて,あなたはどう思いますか」に対する回答である.

この質問に対して,「かなり納得できる」「ある程度納得できる」という回答は若年層 69%,中年層 68%,シニア層 80% となった. これはトイレの有料化に肯定的な意識が大勢を占めることを示している.

図 7-9 は,「あなたが利用したトイレが,任意のチップ制（料金は任意で,支払うとしても 200 円以下とします）であったとします. このとき,あなたはどうしますか」に対しての回答である.

若年層では,「支払う」「どちらかというと支払う」を合わせると 76% となった. この支払い意思の傾向は,年代が上がるにつれて高くなり,「どちらかというと支払わない」「支払わない」という割合は減っていく.

また,トイレのし尿問題に対する意識については,質問 12（3）でより詳細な意識の把握を試みた. 図 7-10 は,この「近年,屋久島登山客増加にともなう,

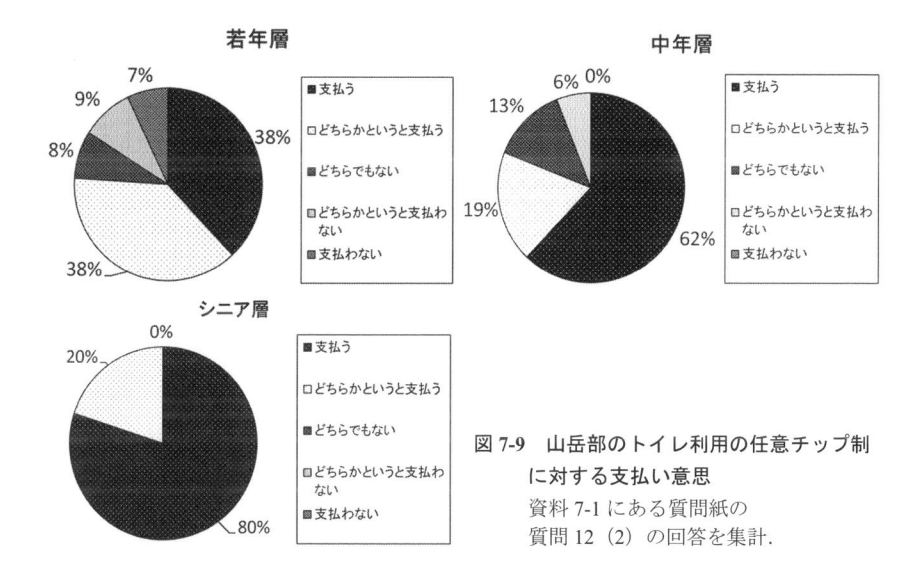

図7-9 山岳部のトイレ利用の任意チップ制に対する支払い意思
資料7-1にある質問紙の
質問12 (2) の回答を集計.

トイレの利用量もふくらみ，し尿の処理が問題になっています（自然分解の限界など）。このことについて，A～E各項目のあてはまるもの一つに○をつけてください」に対する回答である。

若年層で「かなりあてはまる」と「まあまああてはまる」を合わせた回答で最も高い割合となったのは，「トイレの利用料を引き上げ，そのお金でし尿の搬出を行うべきだ」という項目で，60%を超えた。ついで「国や自治体の税金でし尿の搬出を行うべきだ」「携帯トイレの携行を義務づけるべきだ」が約40%となった。「各自でし尿を持ち帰るべきだ」については，「あまりあてはまらない」「ほとんどあてはまらない」が約半数に達し，否定的な見方をしていることがわかる。

中年層でも，「トイレの利用料を引き上げそのお金でし尿の搬出を行うべきだ」という項目について「かなりあてはまる」「まあまああてはまる」が約80%と最も高くなった。ついで「トイレの設置場所を増やすべきだ」が約60%となった。「各自でし尿を持ち帰るべきだ」については，この世代が最も否定的な割合が高くなった。

図7-10 トイレ利用量の増加への対応
資料7-1にある質問紙の質問12（3）の回答を集計.

シニア層は，「携帯トイレの携行を義務づけるべきだ」と「各自でし尿を持ち帰るべきだ」について，「かなりあてはまる」「まあまああてはまる」が約80%を占めた．ついで，「トイレの利用料を引き上げそのお金でし尿の搬出を行うべきだ」が約60%となった．

世代によってし尿処理についての意識に違いがあるが，若年層と中年層は「ト

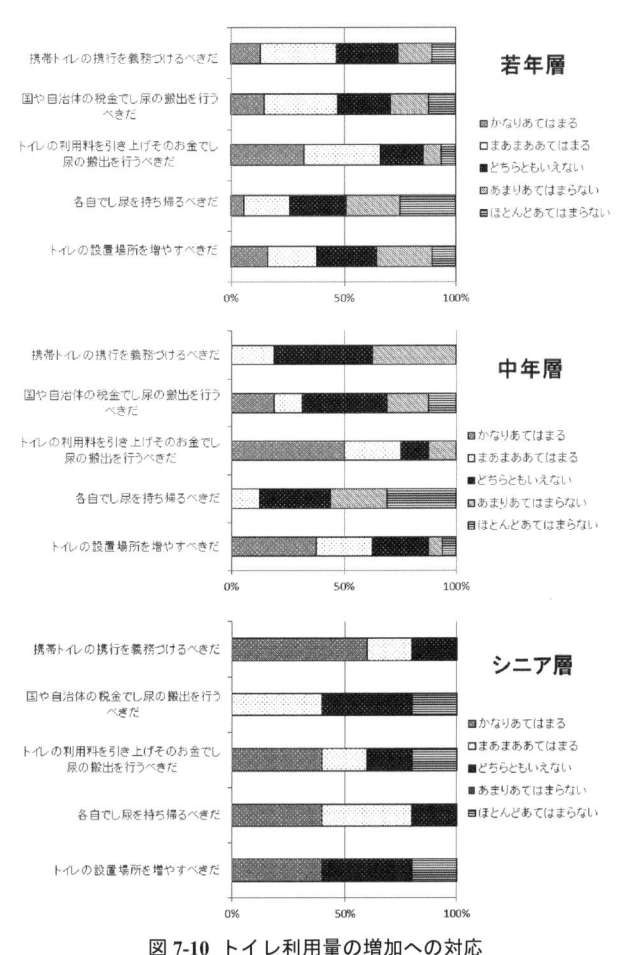

イレの利用料を引き上げそのお金でし尿の搬出を行うべきだ」について，またシニア層は「携帯トイレの携行を義務づけるべきだ」について最も肯定的である。若年層と中年層で否定的であった「携帯トイレの携行を義務づけるべきだ」については，シニア層は一転して肯定的にとらえており，認識の差が認められる。

こうした認識の差が生じる背景には，若年層と中年層では「利用料の設定や引き上げによる財源をもとにした処理が可能ではないか」といった考え，シニア層では「個人のマナーに処理の改善を希求していくべきだ」といった考えのあることが推察される。

2.4 観光地としての選好性への意識

図 7-11 は，「今後，仮に屋久島の自然破壊が進み，縄文杉や西部林道地域などの環境が劣化したとします。そうした場合，屋久島を観光地に選びますか」に対する回答である。

この質問に対して，若年層では，「かなりそう思う」「ある程度そう思う」が 32%，「あまりそう思わない」「まったくそう思わない」が 51% と，否定的意見が過半数を超えた。中年層では，「ある程度そう思う」が 25%，「あまりそ

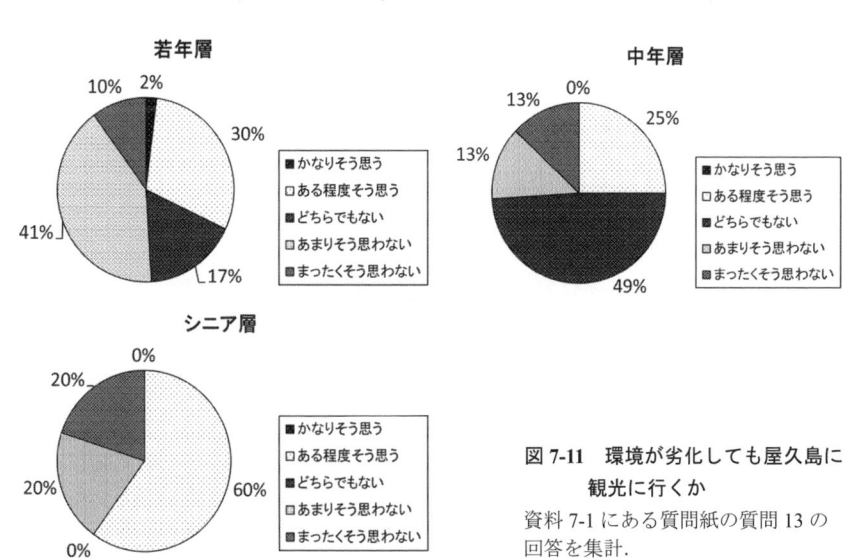

図 7-11 環境が劣化しても屋久島に観光に行くか

資料 7-1 にある質問紙の質問 13 の回答を集計．

う思わない」「まったくそう思わない」が26%に対して，「どちらでもない」が49%と過半数に迫る結果となった。シニア層では，「ある程度そう思う」が60%，「あまりそう思わない」「まったくそう思わない」が40%となった。

　このことは，年代が若くなるほど，自然環境の存在が屋久島へと足を向けさせる理由となっていることを顕著に表している。年代が高くなるごとに，判断しかねる，あるいはそれでも足を向けるだろうという，自然環境にとどまらない魅力を見いだす傾向のあることが示唆される。

2.5　屋久島で展開されるエコツーリズムへの意識

　最後に，屋久島におけるエコツーリズムに対して自由意見を求めた。それらをKJ法により分類したところ，「ガイド」「反商業主義」「トイレ」「エコツーリズム推進」「エコツーリズム否定」「個々の環境意識」「登山道」「エコツーリズムを知らない」という8つの留類型と，「その他の意見」に整理できた。多様な意見が記されており一概に述べることは難しいが，屋久島で展開されているエコツーリズムに対しては，条件つき賛成ともいうべき立場のものが多かった。「エコツーリズム否定」に分類された意見でも，屋久島での観光そのものを否定するのではなく，「エコツーリズムが本来もつ理念が具現化しないことには，結果として観光客や地域住民にとってマイナスの影響が大きくなってしまう」といった点を危惧する論調のものが，ほとんどを占めた。

3．考察―調査結果の背景にある観光客の意識

　ここまで，世界自然遺産とエコツーリズムの関係について，観光客の意識を把握すべくアンケート調査の結果を整理・分析してきた。世界遺産登録によるインパクトとしてメリット，デメリットはそれぞれみられるが，結果として生じる観光客の増加は，自然環境への関心を喚起する好機ととらえることができる。

　このことを踏まえ，これまで示したアンケート結果に関し，その要因について考察を加えていく。

3.1 世界自然遺産登録への認識に関して

質問6で扱ったように,世界遺産制度は自然や文化の保護を目的としており,観光振興は副次的な現象である。世界遺産登録を目指す段階で,観光振興と結びつけた議論が喧伝されることも多く,制度本来の意味が曲解されるおそれもある。とりわけ日本では,世界遺産は集客力のある観光資源として注目の的になっており,また世界遺産を扱う情報も豊富である。すでに「世界遺産」という言葉そのものは,日本国民の間で一般に浸透したといえよう。

日本でも次第に世界遺産の登録数が増えていくと,登録地で観光客の過度ともいえる増加が起き,自然環境や生活環境に悪化が生じるおそれもある。そうした事態を問題視した報道や,書籍の刊行も相次いでいる。たとえば,熊野古道や白川郷などの場合,飛躍的な知名度の向上によって,従来より格段に多くの観光客が訪れる人気スポットとなり,再び保護の役割を問い直す動きもみられるようになった[4]。このような背景から,世界自然遺産が本来もつ制度的な役割について知っている観光客は近年増えつつあるのではないか,との見通しを立てていた。このことに関する質問では,認識割合が比較的高いという結果となったことから,遺産制度の本来の役割については浸透しつつあると評価できよう。

しかし,「知らない」と答える人も若年層・中年層で約40%に上る点にも,同時に注目する必要がある。敷田編(2008)でも指摘されているように,「屋久島など,世界自然遺産に登録された観光地では,『世界遺産効果』で登録後に観光客が増加」しているが,それは本義的な「エコツーリスト」が増えたのではなく,知名度が上がったことで一般の観光客が増えたためであることを認識しておくべきである。いい換えれば,知名度の高さからその存在に興味をもち,世界自然遺産が本来もつ自然保護の役割などは二の次にとらえてしまうような観光客も訪れやすくなる,という傾向を知っておかなければならない[5]。

3.2 世界自然遺産と観光客増加への意識に関して

質問5の結果は,前項でも触れたように,「世界遺産に登録されたことが観光客の増加につながる」という認識を,ほぼすべての観光客がもっていること

を明確に示している。

　実際に，屋久島では 1993 年の世界自然遺産登録以降，観光客数は増加傾向をたどった。観光客数は 2010 年度が約 33 万人で，93 年度に比べ 12 万人以上増えている。観光の目玉の一つは縄文杉で，一目みようと年間約 9 万人が訪れている。質問 15 の自由記述中にも，「縄文杉や白谷にあまりに人が多く驚いた」などという声が複数みられた[6]。

　また，質問 7 の結果は，屋久島を訪れる観光客の増加による経済効果が表れていることが背景にあるだろう。屋久島町民の平均所得も世界遺産登録後は上昇し，鹿児島県全体の平均所得との格差は縮まりつつある（坂井，2008）。屋久島を訪れる観光客のなかには，エコツアーガイドを依頼する者も少なくない。萩野（2011）によれば，1 泊 2 日コースは一人 3 万 5000 円が標準的な価格となっている。本コースに参加するグループの構成人数は 3.1 人であり，概算でも 1 コースで 10 万 8500 円という決して安くはない対価を支払っている。このようなことから，地域にプラスと考える人が多いのも納得できる。

　ただし，世界遺産の本来もつ保護の役割について考えてみれば，いかにその劣化を防ぎながら適正利用を模索していくかが重要となる。

3.3　入山規制への意識に関して

　質問 10，11 で扱ったように，縄文杉などを訪れる観光客の増加にともない，自然環境への過重な負荷が懸念されていることが，報道や書籍にも登場するようになっている。加えて，国内の世界遺産のうち最も知名度が高いことから[7]，屋久島への観光客は，おもに観光資源として自然環境に触れることを目的にしていると考えられる。そのために，自然環境への負荷を軽減するための入山規制に賛同的立場をとる割合が高くなったと推察される。

　それに対して，「入山規制が必要である」という入山規制に肯定的な人の割合が高い一方，1 日 400 人といった制限や手数料などの条件が加わると，入山規制に納得できないという否定的な人の割合が高くなるという結果が得られた。

　人数を制限されることにより，入山することの稀少性がより高くなり，入山

ツアーの料金が高騰する事態も予測される。その場合，旅行業者をはじめ，観光業にさまざまな形でかかわる住民の多い屋久島の経済に影響が出ることも想定される。実際，2011 年に新聞紙面をにぎわせた縄文杉などへの立ち入り制限条例案は，6 月に全会一致で否決されたうえ，9 月町議会への提出も見送られた。2012 年 1 月，町役場は条例案にかわり，屋久島への入島料の徴収に向けた検討会を，4 月に役場内に発足させることを発表した[8]。

　アンケート結果ついては，総論賛成，各論反対といった，観光客の微妙な心情が読み取れよう。自然環境に魅力を感じ屋久島まで足を運ぶ観光客が，縄文杉などに立ち入れるかどうか不確定になることへの不満を感じつつ，それでも自然環境の保全についてはなんらかの対策が必要と感じている。このことは，今後の入山料や入島料の料金，徴収方法をどのようにするかといった具体的な議論のなかに反映していくべきである。

3.4　山岳部のし尿処理問題への意識に関して

　縄文杉などへの登山ルートで使用されるトイレのあり方について，質問 12 の結によれば，受益者負担の視点から，自然環境の恩恵を受ける観光客にある程度の負担を求めることは，観光客にとっても納得できるのではないかと考えられる。

　どの世代でもトイレの有料化に肯定的な割合が多数を占め，さらに，この割合は年代が上がるほど高くなった。アンケートの自由記述（質問 15）においても，「観光，登山目的であれば，し尿の処理や自然保護のための費用がかかるのは当然だと思う」「登山客に対してトイレ代をとるべき」といった指摘があった。

　し尿処理に関する質問に対して，総じて若年層と中年層は，利用料の引き上げや，国・自治体の税金によるし尿の搬出など，資金の確保と他者による処理に期待する割合が高かった。シニア層は，携帯トイレの携行義務といった個人レベルでの対応に肯定的であることが明らかになった。

　利用料の引き上げは，利用者という受益者負担の原則に適ったものであるし，場合によっては入山料の徴収といった形で資金が確保できれば，現在よりはし

尿処理が安定的になされる可能性がある。一方で，屋久島の場合，空間的完結性が高い島嶼のため，島外への搬出は現実的な処理方法とはいえない。加えて，地域住民の高齢化の進行は，体力を必要とする登山道を往復しての搬出作業の担い手が減少していくことを意味する。現在のように，無償ボランティアに依存する方法では，いずれ屋久島のトイレ事情は深刻な環境問題になるおそれがある。

島嶼という地理的特性を考えた場合，理想は携帯トイレなどでの個人単位の責任ある処理の浸透であるが，当面はこの普及啓発と並行して，上で述べたような資金をつくり出すことで担い手の確保を求める方法が現実的といえるのではないだろうか。

3.5 観光地としての選好性への意識に関して

質問13の結果からは，観光客にとって，屋久島を訪れる最大の理由が世界自然遺産の自然環境に触れる点にあることから，その劣化は観光地としての魅力を一気に喪失することにつながり，観光客の減少が生じるものと考えられる。劣化した場合は観光地に選ばない，と回答した人がほとんどを占めたためである。

その地域にしかないという，固有性や非移転性を有する観光資源のうち，とくに自然環境資源は，ひとたび注目されるようになると，その人気が持続する傾向が強いといわれる[9]。また，環境保全を役割の一つに掲げるエコツーリズムの場合，「"手つかず"の原生自然が魅力的な観光資源」としてとらえられ，そこを訪れる観光客は，「日常生活では接することのできない自然環境を体験したい」がために，「このような自然環境に高い関心を寄せる」ようになるのである（敷田編著，2008）。

このことは，屋久島でも同様である。自然環境が見どころとして特化した地域の場合，その状態が損なわれれば観光客の来訪の動機が失われるのは当然のことである。自然環境は，人文資源（人工物）とは異なる高い「不可逆性」を有している点を，まずは観光客が認識できるような機会提供の工夫が不可欠である。

4. 望まれる環境教育プログラムの確立

　本章では，世界自然遺産登録地である屋久島を訪れる観光客を対象にアンケート調査を実施し，その結果をもとに観光客の環境保全意識の特性を把握することを目的に論を進めてきた。
　その結果，明らかになった点は大きく3つに整理できる。
　①世界自然遺産制度についてはその目的の認識度は高く，世界自然遺産に対する興味も高いなど，プラスのイメージをもっている観光客が多い。
　②トイレ問題など，屋久島で起こっている環境負荷に関する問題の解決について，その必要性への理解は高いものがあるが，個別の施策に対しては相対的に否定要素の割合が高まる。
　③エコツーリズムを掲げる観光地の場合，自然環境に魅力を感じて足を運ぶケースがほとんどであることから，仮に現在の屋久島の自然環境が損なわれてしまうと，屋久島を観光対象として選ぶ可能性は低くなることが予測される。

　筆者は，いわゆる世界遺産ブームにより，ある地域の注目度が上がり，結果として観光客が増えることが，ただちに自然環境や生活環境に悪影響をもたらすと考えるのは拙速にすぎると考えている。つまり，そのような人間の行動を，単に「環境破壊」につながるととらえるのではなく，「自然に興味を向ける人」が増える好機になると肯定的に評価したいと考える。
　今回のアンケート調査の結果からも明らかなように，世界自然遺産を訪れる観光客が増えることで，世界自然遺産が本来は保全を目的としている点を理解したり，世界自然遺産で起こる諸問題への対策の必要性を理解したりしている人びとの裾野は広がる。その前提として，当然ながら環境教育プログラムの必修化など，観光客により実際の自然環境の状態に関心を向けてもらう努力が重要になってくる。
　そもそも，人間が自然環境のなかに入ること自体が環境破壊だと極論するケースもあるが，人間は自然環境とのかかわりなくして生活できず，両者は絶

妙なバランスのもとに存在していることが少なくない。とくに屋久島の場合，民俗学的に自然との共生に独特の知恵が根づいていたことが知られている。その歩みを踏まえて，自然環境に偏りがちな観光客の来訪先を，それらを連綿と保全し続けてきた地域住民との交流をとおした相互理解の場にも早急に拡大，多様化が図られることが望まれる。

　筆者がこのように感じるのは，自然環境の不可逆性を鑑みたとき，自然環境資源と観光の両立を指向し環境負荷の軽減を実効力のあるものにしていくには，技術的な直接的対処も重要であるが，それと同時に，一人でも多くの観光客が自然環境に興味・関心を抱き，その裾野が拡大していくという施策の充実が，問題の解決に持続的な効果をもたらすと考えているからである。たとえば，世界自然遺産の意義として，保護や保全はもちろんのことであるが，貴重な自然環境そのものを多くの来訪者に知ってもらうという大切な使命がある。

　屋久島で起きている入山規制の条例案の議論の収束と，その後に表面化した入島料の設定に向けた議論のスタートという現状は，実際に屋久島の自然環境保全のレベルが今のままでは立ち行かなくなることを示している。この実態をとおして，観光客の環境保全意識に沿った環境教育プログラムなどを策定できれば，入山規制の賛否やし尿処理のあり方についても具体的な合意形成への前進が期待できるだろう。

付記

　本研究を進めるにあたり，アンケート結果にご協力いただいた屋久島への観光客の皆様に，厚く感謝申し上げる。なお，本研究は，科学研究費・基盤研究（B）「正負の生態系サービス経済評価のための環境経済・倫理・法政策・生態学の融合研究」（研究代表者：吉田謙太郎）の一部を使用した。

　本章の内容は，国立大学協会九州支部『論文集―教育系・文系の九州地区国立大学間連携論文集』6（2）に掲載した論文を大幅に加筆修正したものである。

注

1) 登録に向けた動きについては鈴木（2010）に詳しい。
2) ただし小笠原の場合，本土からの公共交通機関は，東京港を結ぶ6日間に1往復のフェリーのみで片道約25時間を要する。そのため，他の3カ所の世界自然遺産の状況に比べて観光客の増加は限定的であると考えられている。

3) たとえば白川郷のメインゾーンとして知られる人口 600 人の白川村萩町地区には,世界遺産登録を契機に 1 日 2 万人の観光客が訪れることもあり,量的な増加もさることながらマナーの悪化（公開していない合掌造りの個人宅に無断で上がる,田畑や木々から作物を盗る,ごみのポイ捨てなど）という質的な課題も顕在化している。また,世界遺産登録により生じる事態は,地域住民の人間関係も観光客への考え方の相違から波紋が広がりつつある（才津,2009）。
4) 世界遺産登録を審査するユネスコ事務局長を務めた松浦晃一郎氏は,「世界遺産を見ることは,…（中略）…まさに,ユネスコがうたう「国民間の相互理解を深めることに貢献する」わけで,大いに評価したいと思う。しかし注意しなければならないのは,増大する観光客を念頭に置いて,いかに世界遺産の顕著な普遍的な価値を守っていくか,という点である。…（中略）…まず周到な保護管理体制をつくる必要がある。他方,観光客にも顕著な普遍的な価値を次世代に伝えるという義務を認識し,世界遺産をじっくり鑑賞する姿勢」が求められると警鐘を鳴らしている（松浦,2008）。
5) サーベイリサーチセンターが 2011 年 11 月に実施した「世界遺産に関する生活者の意識調査」（全国の 10 ～ 60 代男女 965 人を対象）に実施した調査によれば,世界遺産に「とても興味,関心がある」「やや興味,関心がある」と答えた割合は 68%,国内に 16 カ所ある世界遺産のうち,登録されていることを知る割合が最も高かったのが屋久島で 70.3%,訪れたいと思う世界遺産でも屋久島が 56.0% で最高となっている。それだけに屋久島は,エコツーリズムや世界自然遺産と観光の持続的な展開を図る試金石としての役割を有している。
6) たとえば,2011 年 8 月 22 日付の西日本新聞記事「縄文杉の見学制限条例案否決 観光客減に反発根強く」において,混雑する縄文杉周辺のようすを以下のように報告している。
「着いたと思ったら,縄文杉の展望デッキも混雑し,ガイドが「写真を撮ったら移動してくださーい」と誘導する。別のガイド…がいった。「秘境のイメージでここに来ると,想定外でしょうね」」。
7) 前掲（3）による。
8) 南日本新聞 2012 年 1 月 27 日掲載記事による。
9) 溝尾（2009）は,「自然資源のほうが,人文資源に比べると,多少面的な広がりがあるので,単独資源で観光地」と位置づけられると述べている。この背景には,人間にとって自然環境は五感に訴える要素が強く,人文資源に比べて受容しやすい性質があることが指摘できる。

文献

才津祐美子（2009）:「世界遺産「白川郷」にみる文化遺産化と観光資源化」『観光の空間－視点とアプローチ』,ナカニシヤ出版
坂井宏光（2008）: 日本の世界遺産における環境保全型観光産業の発展と課題－屋久島の世界自然遺産を中心として－.教養研究,15 (1),pp.63-79.
敷田麻実編著（2008）:『地域からのエコツーリズム－観光・交流による持続可能な地域づく

り』. 学芸出版社.
敷田麻実（2010）：生物資源とエコツーリズム．季刊環境研究, 157, pp.81-90.
清水苗穂子（2005）：エコツーリズムと教育－中国雲南省の事例－．鈴鹿国際大学紀要 Campana, 11, pp.107-120.
鈴木晃志郎（2010）：ポリティクスとしての世界遺産．観光科学研究, 3, pp.57-69.
萩野 誠（2011）：屋久島縄文杉ルートの現状と観光としてのエコツアー．経済学論集, 76, pp.41-56.
深見 聡（2011）：環境保全と観光振興のジレンマー屋久島を事例として－．地域総合研究, 39(1・2合併号), pp.43-52.
深見 聡・坂田裕輔・柴崎茂光（2003）：屋久島における滞在型エコツーリズム－地域住民との連携を主軸とした確立可能性－．島嶼研究, 4, pp.41-55.
真板昭夫・高梨洋一郎（2011）：「エコツーリズム推進法と新たな展開」『エコツーリズムを学ぶ人のために』, 世界思想社.
松浦晃一郎（2008）：『世界遺産 ユネスコ事務局長は訴える』. 講談社.
溝尾良隆（2009）：「観光資源と観光地の定義」『観光学の基礎』, 原書房.

資料7-1 本章で使用した質問紙

エコツーリズムに関する意識調査

調査ご協力のお願い

このたび、卒業研究を進めるにあたり、「屋久島を訪れる観光客にみるエコツーリズムへの意識」というお題目でフィールドワークに取り組むことになりました。
この調査は、世界自然遺産登録地（縄文杉・西部林道地域など）をメインとしたエコツーリズムについて、皆様のお考えを学術的に把握することを目的としています。
どの質問にも正しい回答はありませんので、気軽に回答して下さい。
なお、提供された個人情報は厳正な管理のもとに置き、目的外に使用することはありません。ご協力下さいますよう、どうぞよろしくお願い申し上げます。

[アンケートに出てくる用語]
※エコツーリズムとは
自然環境や歴史文化を対象とし、それらを体験し、学ぶとともに、対象となる地域の保全に配慮した観光のことをいいます。

【お問い合わせ先】
・調査者：菊地由貴子・仁木可奈子・山口明日香
・指導教員：深見 聡
（長崎大学環境科学部・准教授）
・連絡先：095-819-2720（研究室）
fukami@nagasaki-u.ac.jp（深見）

1. あなたの今回の旅行について おたずねします。

1. 今回の旅行の日程(屋久島の滞在期間の日数)はどのくらいですか。該当するもの1つに○を付けてください。
   ア. 1泊2日　イ. 2泊3日　ウ. 3泊4日　エ. 4泊5日　オ. 5泊以上

2. 今回の旅行の目的地(屋久島)を選ぶにあたり、参考にした手段について、該当するすべてに○を付けてください。
   ア. 雑誌　イ. 新聞　ウ. インターネット　エ. テレビ　オ. ラジオ
   カ. バス・電車等の車体・車内広告　キ. 旅行代理店　ク. 友人・知人の情報
   ケ. その他（　　　　　　　　　）

3. 通常、あなたが旅行する場合に目的とされることについて、A～I 各項目の当てはまる数字１つに○を付けてください。

	かなり あてはまる	まあまあ あてはまる	どちらとも いえない	あまり あてはまらない	ほとんど あてはまらない
A. 周遊観光	5	4	3	2	1
B. ゆったり過ごす	5	4	3	2	1
C. 都市観光	5	4	3	2	1
D. 温泉	5	4	3	2	1
E. 祭りなどイベント	5	4	3	2	1
F. グルメ	5	4	3	2	1
G. スポーツ	5	4	3	2	1
H. 自然を楽しむ	5	4	3	2	1
I. 同行者と眠やかに過ごす	5	4	3	2	1

2. 次に、「エコツーリズム」のことについておたずねします。

※エコツーリズムとは
自然環境や歴史文化を対象とし、それらを体験し、学ぶとともに、対象となる地域の自然環境の保全に配慮した観光のことをいいます。

1. あなたは、「エコツーリズム」ということばを聞いたことがありますか。
   ア. よく聞く
   イ. ときどき聞く
   ウ. 聞いたことがある気がする
   エ. 聞いたことがない

   ↓ 〇を付けてください。
   a. 観光ガイドブックなどの書籍
   b. パンフレット、リーフレット類
   c. 道路などに設置されている看板類
   d. インターネット
   e. 新聞・テレビなど報道
   f. パックツアーなど旅行商品
   g. その他（　　　　　　　　）

2. 屋久島は、世界自然遺産に登録されていますが、そのことを知っていますか。
   ア. 知っている　イ. 知らない

3. 「エコツーリズム」について、興味がありますか。
   ア. かなりそう思う　イ. ある程度そう思う　ウ. どちらでもない
   エ. あまりそう思わない　オ. まったくそう思わない

4. 「エコツーリズム」は、自然環境の保全につながると思いますか。
   ア. かなりそう思う　イ. ある程度そう思う　ウ. どちらでもない
   エ. あまりそう思わない　オ. まったくそう思わない

5. いまあなたが訪れている屋久島の旅行者が増えるのに役立つと思いますか。
   今後、このような旅行者が増えるのに役立つと思いますか。
   ア. かなりそう思う　イ. ある程度そう思う　ウ. どちらでもない
   エ. あまりそう思わない　オ. まったくそう思わない

6. 「世界遺産」制度は、自然や文化の保護を目的としたもので、観光振興を目的には掲げていません。このことを知っていましたか。
   ア. 知っている　イ. 知らない

7. 屋久島が「世界自然遺産」に登録されたことは、地域にとってプラスになったと思いますか。
   ア. かなりそう思う　イ. ある程度そう思う　ウ. どちらでもない
   エ. あまりそう思わない　オ. まったくそう思わない

8. あなたは「エコツーリズム」についてどのようなイメージを持っていますか。A～I各項目の当てはまる数字１つに○を付けてください。

	かなり あてはまる	まあまあ あてはまる	どちらとも いえない	あまり あてはまらない	ほとんど あてはまらない
A. 楽しい	5	4	3	2	1
B. 勉強になる	5	4	3	2	1
C. 心が休まる	5	4	3	2	1
D. 感動する	5	4	3	2	1
E. 分かりやすい	5	4	3	2	1
F. 環境にやさしい	5	4	3	2	1
G. 何度も訪れたい	5	4	3	2	1
H. 将来にわたって地域に根づく仕組みである	5	4	3	2	1
I. 面倒・厄介な仕組みである	5	4	3	2	1

9. 「エコツーリズム」の取り組みのなかに、ツアーガイド(案内人)の存在があります。あなたは、いま訪れている屋久島地域のみどころや登山に必要なアドバイスについて、ツアーガイドによる案内で出かけてみたいと思いますか。
ア. かなりそう思う　イ. ある程度そう思う　ウ. どちらでもない
エ. あまりそう思わない　オ. まったくそう思わない

10. 登山客が増えることで、自然環境への負荷が指摘されつつあります。それに対して、入山規制を設けるといった議論がなされている地域もあります。
あなたは、入山規制がなされるべきだと思いますか。
ア. かなりそう思う　イ. ある程度そう思う　ウ. どちらでもない
エ. あまりそう思わない　オ. まったくそう思わない

11. 屋久島町役場は、自然環境への負荷を考慮した条例案についてお聞きします。1日400人程度に制限し、1人400円の手数料を支払うという内容)、縄文杉への立ち入りを6月に町議会に提出しましたが、議会は全会一致で立ち入り制限を設けることを否決しました。このことについて納得できますか。
ア. かなり納得できる　イ. ある程度納得できる　ウ. どちらでもない
エ. あまり納得できない　オ. まったく納得できない

12. 屋久島の登山時におけるトイレの利用についてお聞きします。あなたが利用したいトイレが、有料(高くても200円)であったとします。このことについて、あなたはどう思いますか。

- 3 -

(2) あなたが利用したいトイレが、任意のチップ制(料金は任意で、支払うとしても200円以下)にしますであったとします。このとき、あなたはどうしますか。
ア. 支払う　イ. どちらかといえば支払う　ウ. どちらでもない
エ. どちらかといえば支払わない　オ. 支払わない

(3) 近年、屋久島の登山客増加にともない、トイレの利用量もふくみ、し尿の処理が問題になっています(自然分解の限界など)。このことについて、A～E各項目の当てはまる数字１つに○を付けてください。

	かなり あてはまる	まあまあ あてはまる	どちらとも いえない	あまり あてはまらない	ほとんど あてはまらない
A. トイレの設置場所を増やすべきだ。	5	4	3	2	1
B. 各自でし尿を持ち帰るべきだ。	5	4	3	2	1
C. トイレの利用料金上げでのお金の環境維持活向けさせるべきだ。	5	4	3	2	1
D. 国や自治体の税金でし尿の排出を行うべきだ。	5	4	3	2	1
E. 携帯トイレの携行を義務づけるべきだ。	5	4	3	2	1

13. 今後、仮に屋久島の自然破壊が進み、縄文杉や西部林道地域等の環境が劣化したとします。そしていまだも、屋久島を観光地に選びますか。
ア. かなりそう思う　イ. ある程度そう思う　ウ. どちらでもない
エ. あまりそう思わない　オ. まったくそう思わない

14. (1) 山小屋は必要だと思いますか。
ア. かなりそう思う　イ. ある程度そう思う　ウ. どちらでもない
エ. あまりそう思わない　オ. まったくそう思わない

(2) (1)でその記号を選んだ理由を教えてください。

15. 最後に、屋久島におけるエコツーリズムについて意見がありましたら、自由にご記入ください。

第8章

世界遺産・屋久島にみる
環境保全と観光振興のジレンマ

　前章では観光客の認識から世界遺産・屋久島におけるエコツーリズムについて検討を加えたが，本章では自治体やNPOなど民間団体の対応をみていくことにしよう。

1. 世界自然遺産登録地に課せられた課題

　世界自然遺産においても，立ち入り人数の制限やトイレの有料化，環境教育プログラムの提供といった対策が議論されている。国内第1号の世界自然遺産である屋久島では，微生物による分解を行う土壌処理型トイレや携帯トイレブースの設置，電気自動車の普及による二酸化炭素の削減など，環境保全につながる具体策に取り組みつつある。

　2011年に小笠原と平泉が世界遺産に登録された際，報道機関の論調はどのようなものが多かったであろうか。「観光客の増加につながる」「地域活性化の起爆剤になる」といった内容が多くを占めていたかと思う。ところが，世界遺産条約の目的には，人類の共通財産としての「顕著な普遍的価値」をもつ遺産を登録し保護していくことしか掲げられていない。つまり，観光振興を核とした地域づくり的な現象は，あくまで知名度の向上した結果として，大なり小なり起こる副次的なものに起源を求めることができる。

　このような地域の一つが，屋久島であった。1993年に日本初の世界自然遺産に登録されてから，屋久島ではエコツーリズムを掲げた地域づくりが進められている。現地での聞き取りなどをとおしてこの状況について考えをめぐらせるたびに，改めて世界遺産の目的に立ち返り，環境保全と観光の両立を図る地域づくりの議論を深める必要性を感じる。

本章では，筆者が2011月9月に行った自治体やNPOでの聞き取り調査などの成果をもとに，屋久島を事例に持続可能な地域づくりについて考えてみたい。

2. 縄文杉登山ルートの人気と自治体の対応

屋久島の入り込み客数は，1970年代半ばから1980年代半ばまでは10万人台前半で推移していたが，1990年前後から増加に転じ，2007年度には40万人を上回った。なかでも観光客の人気を集める縄文杉登山ルート（写真8-1，8-2）は，2010年度には約9万人，ピーク時には1日1,000人超が訪れるなど，人びとの過度な集中は，縄文杉をはじめとする樹木の根元の踏みつけといった，動植物の生育への悪影響が懸念される事態となっている[1]。

これを受けて，屋久島町は2012年3月の施行を目指し，2011年6月14日，町議会に「屋久島町自然観光資源の利用及び保全に関する条例」の制定に関する議案を提出した[2]。このなかで，同町は縄文杉への立ち入りを1日あたり420人とした場合の影響を，前年実績にくらべ年間約9千人の立ち入り数と約

写真8-1　樹齢3千年以上とと推定される屋久杉
2010年8月20日に山口明日香氏が撮影。

写真8-2　縄文杉につながるトロッコ道
かつて林業で栄えたことを示す現役の鉄道遺産。今では観光用や水力発電の保守点検等での作業員の移動で利用されている。2010年8月20日に山口明日香氏が撮影。

2億3千万円の宿泊関連売り上げの減少が見込まれるとの試算を示した。この議案に対して，同月21日に開かれた議会特別委員会，同月23日の本会議はともに全会一致で否決し，2012年3月からの立ち入り制限の実施は事実上不可能となった。

議会の特別委員会副委員長は「自然環境を守るために観光客を制限する必要性は理解しているが，観光産業にあまり影響を与えるべきではない」と述べるなど[3]，屋久島の基幹産業となっている観光業に対する影響への懸念が，議案否決に至った最大の理由であることが示唆された。もちろん，このような制限は，エコツアーガイドといったサービスの質の向上を阻害しかねず，市場経済の規制につながると懸念する指摘もあり（萩野，2011），今後もさらに議論を重ねていくべきだろう。

縄文杉の生育への影響もさることながら，さらに大きな懸念材料は，トイレ利用に関する現状である。現在，し尿の汲み取りとその搬出作業は，町役場の職員や地域住民のボランティア有志により人力でなされている。世界遺産に登録されたからといって，国から特別な予算措置が講じられるわけでもないため，一人500円の協力金（募金）を呼びかけ，それを原資の一部としてなんとかやりくりしながら処理費を捻出している。入山者がそれほど多くなかった時期は，自然埋設で対応できていたものの，現在ではトイレの利用量も増え続けており，処理能力も限界に近づいている。協力金の是非は住民の間でも意見が分かれているが，受益者負担の面からは理に適ったものといえる。

3. ウミガメ保護と西部林道地域の生態系

山岳部に入らずとも，2005年にラムサール条約湿地に登録された永田浜（写真8-3）や，永田集落から栗生集落を約20kmの隘路で結ぶ西部林道区間は，それぞれウミガメの産卵，照葉樹林が織りなす緑色と東シナ海の青色のコントラストが魅力的である。しかし，ここでも生態系の保全を考えるときに避けては通れない課題が存在する。

ウミガメは，永田集落を中心とする地元住民の献身的な努力により，日本随一の産卵地としての環境が保たれている。永田集落の代表者（区長）が会長を

務める永田ウミガメ連絡協議会は，1995年に結成された地域団体である。永田浜に上陸するウミガメの保全と夜間の観察会を行っている。完全予約制で，毎年5月から7月に観光客を受け入れており，そこで支払う一人700円の観察会協力金は，観察会にかかる実費のほか，ウミガメの卵の保護柵設置や砂浜の清掃，ウミガメの救助作業などの経費に充てられている。

また，協議会と活動している団体に，NPO法人屋久島うみがめ館がある。1985年に，屋久島ウミガメ研究会として発足，1999年に展示館をオープンし，ウミガメの生態や観察のルールに関する解説，許可を得ての子ガメ飼育（写真8-4）や，ウミガメの生態調査ボランティアの受け入れを行っている。

2009年3月，永田ウミガメ連絡協議会，屋久島うみがめ館，行政関係機関などが協働して「永田浜ウミガメ観察ルール」を策定した（図8-1）。とくに産卵期や孵化期にあたる夏季の浜辺の利用について統一基準が生まれたことは，観光客のマナー向上に大いに貢献するものと考えられる。屋久島の人びと

写真8-3　国内有数のウミガメ産卵地・永田浜
2011年9月12日に筆者が作成。

図8-1　冊子『屋久島永田浜ウミガメ観察ルールガイド2011』の表紙

写真8-4　屋久島うみがめ館で飼育されている子ガメ
入館料大人一人200円で，ウミガメの生態について詳しく学べる。

にとって当たり前にみられるウミガメ上陸の光景は，今では永田集落のシンボル的なできごととして，縄文杉とならんで屋久島の地域づくりにおける象徴的な存在となっている。

　西部林道地域は，筆者が2003年に初めて屋久島を訪れたときにくらべると[4]，とくにヤクジカやヤクザルの姿が予想以上に目についた。屋久島では，生態系のピラミッドのなかでおそらく頂点に位置するのはシカだと考えられている。かつては，人間も動物の命をいただくことで，屋久島での生態系も繊細なバランスのもとに成立していた。一方で，現在のような過度な保護の状況は，かえって人間と共生していた生態系に負の影響を与えかねない事例といえる。今では，ツワブキや森林の下草，ポンカンやタンカンの樹皮といった，人間の生産活動にかかわる品種にまでヤクジカやヤクザルの食害が及んでおり，その適正な頭数把握も喫緊の課題である。

　また，筆者が夜間に林道で自動車を運転していたとき，前方を駆けぬけるタヌキを目撃した。屋久島にはもともと生息しておらず，2000年に永田浜近くで初めて写真に収められた「外来生物」である。雑食性で，ウミガメの卵の孵化期に砂浜に残された足跡も確認されており，生態系への悪影響が懸念される。

4. 否決された利用調整の条例案

　各種の協力金や観察ルールについては，今のところ法的な拘束力はない。しかし屋久島町は，2008年施行のエコツーリズム推進法にもとづいた「屋久島町エコツーリズム推進全体構想」の策定と推進地域としての国による認定を受け，環境保全と観光の両立を目指したことがある。すなわち，申請自治体は全体構想のもとに，「特定自然観光資源」を定めてそれらを故意に傷つけたりした場合には条例により罰金の制度を設けたり，利用者数の制限を設けることが可能となる枠組みの活用を模索したのである。

　しかし議会の全会一致による否決や，エコツーリズム推進法によらない入島料の徴収の可能性を探るなど，保全の具体策の決定には至らない迷走状態に陥っている。

　このようなあわただしい状況が生じた背景として，世界遺産は登録後にその

保全状況を6年ごとに報告する必要があり，2012年には屋久島がユネスコの世界遺産委員会による再審査を受ける予定であったことが考えられる。この再審査で問題ありと判断されると，「危機にさらされている世界遺産リスト」に登録される場合があることから，縄文杉などでみられるオーバーユースの問題は，やはり避けては通れない現状といえる。

筆者は，かつて「エコツーリズムが日本でも徐々に浸透しつつある現在，むしろ自然環境との共生を考えながら観光をするには，屋久島は自然環境の認知度が高いだけに，…観光需要の質的向上も必然的に進む」と述べた（深見ほか，2003）。ところが，今日みられる状況は，上述のようにかえって事態の複雑化が進行しているというべきであり，改めて，屋久島における観光振興と環境保全のジレンマに注目し考察を加える必要がある。

5. 屋久島におけるエコツーリズムの将来

以上の問題意識に立って，世界自然遺産と環境保全を指向するエコツーリズムの確立のために，どのような留意が必要か論じていく。

屋久島に関係するパンフレットやウェブサイトなどによると，屋久島行きツアーの商品名の多くで，「エコツーリズム」と「世界自然遺産」とがその定義や真正性の有無とは関係なく用いられているのが実情である。エコツアーをうたいながら，その理念にもとづいたものが大勢かというと，残念ながらそうといいきれず，集客力の高い一種の商品ブランドとしての側面を優先したかのような内容のものも散見される。

このような状況は，国内のほかの世界自然遺産登録地でも同様である。とくに，環境保全と観光振興を両立させていくには，理念と現状とをつねに比較考察していきながら，環境負荷量などに現れる相互の関係を注視していく必要がある。

5.1 エコツーリズムの理念と実際

表8-1は，屋久島およびわが国でのエコツーリズムに関する動向を整理したものである。

わが国におけるエコツーリズムの発展は，1990年に環境庁の報告書『熱帯

表 8-1 屋久島内外におけるエコツーリズムなどに関する動向

年	屋久島の動き	日本の動き
1989	・地域のイメージコンセプトとした「スーパーネイチャー屋久島」を掲げる『林地活用計画』策定(旧上屋久町).	・「小笠原ホエール・ウォッチング協会」発足.
1990	・「国内エコツーリズム推進方策検討調査」で,国内5カ所のうち1カ所に選ばれる.	・環境庁がエコツーリズムを提唱(『熱帯地域生態系保全に関する取組について』報告書).
1992	・自然と人との共生をうたった「屋久島環境文化村構想」発表(鹿児島県).	・日本環境教育フォーラム清里ミーティング'92で,エコツーリズムの概念について議論.
1993	・「屋久島環境文化財団」設立. ・森林環境整備を推進するための協力金制度の導入(営林署). ・「屋久島憲章」制定(旧上屋久,屋久両町). ・世界自然遺産に登録.	・JATA(日本旅行業協会)が「地球にやさしい旅人宣言」発表.
1994	・屋久島フォーラム'94 in TOKYOで「屋久島エコミュージアム構想」公表. ・「屋久島山岳部利用対策協議会」発足.	・日本自然保護協会「エコツーリズム・ガイドライン」発表. ・「OSAKA観光宣言」(世界観光大臣会議).
1995	・永田ウミガメ連絡協議会による有料のウミガメ観察会開始.	・JATA,エコツーリズムセミナー開催. ・運輸省,国内観光促進協議会エコツーリズムワーキング・グループを設置.
1996		・IUCN,第2回東アジア国立公園保護地域会議開催. ・「西表島エコツーリズム協議会」発足.
1997		・『エコツーリズム研究会レポート集』発行.
1998	・ガイド業の増加が目立ち始める.	・『JATAエコツーリズムハンドブック』出版. ・日本エコツーリズム推進協議会設立. ・「北海道エコツーリズム推進協議会準備会」発足.
1999	・屋久島エコガイド連絡協議会設立.	・『エコツーリズムの世紀』(エコツーリズム推進協議会)出版.
2000	・町道荒川線車両乗入れ規制(期間限定)開始.	
2002	・島内の関係機関が『屋久島エコツーリズムの推進のための指針及び提案等』作成.	・国際エコツーリズム年(国連).
2003	・「屋久島地区におけるエコツーリズム推進モデル事業」の実施(環境省)(~2007).	・エコツーリズム推進会議開催(~2004).
2004	・「屋久島地区エコツーリズム推進協議会」発足.	・環境省エコツーリズム推進事業開始.
2005	・地元有志中心の任意団体「屋久島まるごと保全協会(YOCA)」設立. ・永田浜がラムサール条約湿地に登録.	
2006	・「屋久島ガイド登録制度」開始.	・観光立国推進基本法が成立(2007年施行).
2007	・上屋久町・屋久町が合併し屋久島町誕生.	・エコツーリズム推進法が成立(2008年施行).
2008	・「屋久島山岳部保全募金」を導入.	・国土交通省に観光庁発足.
2009	・「永田浜ウミガメ観察ルール2009」策定. ・山岳部で携帯トイレ導入開始. ・「屋久島町エコツーリズム推進協議会」が発足. ・「マイバック持参運動及びレジ袋有料化に関する協定」が締結.	・第1回全国エコツーリズム学生シンポジウム開催. ・埼玉県飯能市がエコツーリズム推進法にもとづく全体構想認定第1号.
2010	・町道荒川線車両乗入れ規制(オンシーズン全期間)が開始.	
2014		・「地域自然資産地域における自然環境の保全及び持続可能な推進に関する法律」が成立.

深見ほか(2003),真板ほか編著(2011),「環境省屋久島世界遺産センターウェブサイト」http://www.env.go.jp/park/kirishima/ywhcc/ecotour/ecotour.htm(2011年8月29日閲覧)をもとに筆者が作成.

地域生態系保全に関する取組について』において，エコツーリズムが提唱されたことに端を発する。また，同年の環境庁による『国内エコツーリズム推進方策検討調査』で，国内のほかの4カ所（知床・立山・奥日光・西表島）とともに，屋久島もその推進地区の一つとして選定されている[5]。屋久島が日本においてエコツーリズムの"先進地"と呼ばれるゆえんである。

屋久島では，1990年代後半よりエコツアーガイドの増加が目立つようになり，2004年9月に，鹿児島県や環境省など15の組織が結集して屋久島地区エコツーリズム推進協議会が置かれ，2009年8月に，これを再編した屋久島町エコツーリズム推進協議会が活動している[6]。当協議会は，屋久島のエコツーリズム推進のために，①ガイド登録・認定制度の立ち上げおよびその運営，②里地におけるエコツアープログラムの開発，③特定地域における保全・利用のルールづくり，の3点を柱に，取り組みを重ねてきた（図8-2）。

これらの活動は，エコツアーガイドの質的・量的な確保がなされて初めて機能するものであり，ガイド登録・認定制度は少なくともそれに資すると考えられる。現在 職業として従事するガイドは約200名いるとされ，Iターン者やUターン者をはじめ，島民にとって貴重な雇用創出の機会となっている。環境保全との両立を図るエコツーリズムの展開は，屋久島の観光の持続的な振興を図るうえで中核をなすものである。

ガイドの存在は，屋久島を訪れる観光客にとって，エコツーリズムがもつ本来の理念を具体的にひも解いてくれるところに意味がある。観光対象地において，観光客による自然環境への負荷や生活環境への侵入を可能な限り低減していけるか否かは，エコツアーガイドや観光客の環境への意識といったモラルに負うところも大きい。ガイドの登録・認定制度は，2005年10月に屋久島地区エコツーリズム推進協議会が「屋久島ガイド登録・認定制度実施要綱」にもとづき開始している。しかし，制度設計などの面において慎重な議論の余地が残されており，今後，新たな登録・認定制度がどのようなものになるか注視していきたい。自然環境を中心とする地域のできごとにおいて，ガイドによる世界遺産登録地以外での照葉樹林（写真8-5）の薮こぎ体験にともなう森林の荒廃，観光にかかわりの少ない住民の無関心，とくに永田浜で指摘される観光客のエ

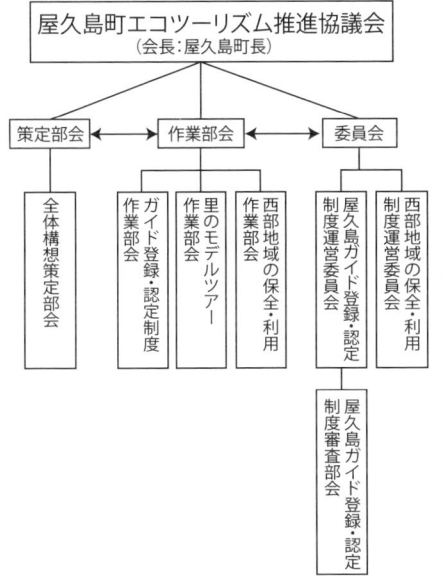

第 8 章　世界遺産・屋久島にみる環境保全と観光振興のジレンマ　123

図 8-2　町エコツーリズム推進協議会の体制
同協議会刊『屋久島町エコツーリズム推進全体構想（素案）』による．

写真 8-5　西部林道地域の照葉樹林
2010 年 8 月 20 日に山口明日香氏が撮影．

コツーリズムの試みへの無関心といった現実がいまだに続いている状況をみたとき（朝格吉楽図・淺野，2011），里地など人間環境と自然環境の相互関係を感じさせるような取り組みは，喫緊に推進していくべきであると痛感する。これに関連して，すでに宮内（2003）は次のような視点を提示している。

　　エコツーリズムは元来，環境を保全することや環境教育を目的とする側面が強いこと，自然に負荷をなるべくかけないという前提があるため，大規模な運営は難しいことなどから，劇的な経済効果はあまり期待できない。エコツーリズムを導入すると，自然が守られ，観光業が発展し，経済効果が出てくるだろうと，一石二鳥も三鳥も期待をすると，その分だけ落胆も大きいだろう。エコツーリズムはなんでも効く地域振興の万能薬ではないのである。

むしろ怖いのは，エコツーリズムによる経済効果を追求するあまり，地域の自然環境や地域社会に悪影響を与える危険性が高いことである。エコツーリズムを導入するときは，徹底した管理のもとで慎重に行う必要がある。その際には，…（中略）…環境容量を設定し，容量設定の後でも，環境に負の影響の兆しが認められた場合には，当初設定した負荷量をただちに縮小変更（下方修正）できるようにすべきであろう。

　観光客の増加と自然環境への影響という現象は，数値による明示がなじみにくいため，環境負荷量の設定にあたって実際に立ち入り制限を行う場合，試行錯誤がともなうのはやむを得ない面がある。負の影響が出てからではなく，影響の兆しが確認された段階で柔軟に応じていかなければ，エコツーリズムの存立基盤にある自然観光資源が，ただちに損失の危機に直面する可能性があるからである。

5.2　世界自然遺産がもたらした副次的な結果

　世界自然遺産について，日本では 1992 年に世界遺産条約に批准したことを契機に，認知度が高まっていった（市川，2008）。本条約にもとづき，人類の共通財産としての「顕著な普遍的価値」をもつ遺産を対象に，ユネスコに置かれている世界遺産委員会が登録の可否について審議している。世界自然遺産の登録にあたっては，以下の四つの基準のうち一つ以上を満たす必要がある[7]。

　①ひときわすぐれた自然美を備えた自然現地または地域

　②生命進化の記録，現在進行中の地質学的な過程等で地球史の各種の段階を表す優れたもの

　③陸上，淡水，海洋の生態系の進化過程において，現在あるいは現在進行中の生態学，生物学の過程を表すすべてのもの

　④科学的視点から世界的に高い価値をもち，絶滅のおそれのある種や多様な野生生物の生息地

屋久島は，①③が基準を満たすとして，登録を受けている。逆にいえば，基準を満たす自然環境の状態が保たれていなければ，「危機にさらされている世界遺産（危機遺産）」への登録や，さらには世界遺産リストからの削除という措置がとられることになる[8]。また，そもそも世界遺産制度の目的は，登録によって対象を保護することであり，登録をエコツーリズムなどの観光振興につなげることは掲げられていない。世界遺産に登録された地域では，あくまで知名度の向上した結果として大なり小なり観光客の増加が起こるのである（渡辺ほか，2008）。これに関して，屋久島や小笠原諸島を念頭において，鈴木晃志郎・鈴木亮（2009）は，世界自然遺産のもつ保護による効果と，結果としての観光客の増加という現象に対して，持続可能（サスティナブル）な観光の実現の視点から以下のように述べている。

　　サスティナブル・ツーリズムを実現するには，予め当該地域が受容可能な観光客人数を決定し，観光がもたらす環境負荷を正確に把握し，観光客数を調整するための観光料金をかけ継続的なモニタリングを行っていく必要がある。自然遺産地域が保全できるかどうかは，観光と調和的な関係を築けるかにかかっていよう。
　　厳しい入島制限を課することで逆にブランドイメージを高める，事前講習や外来種駆除のボランティアなどの参画プログラムを入山の条件にする，保護区域への立ち入りには貸衣装や貸し靴への履き替えを義務づけるなど，ツーリズムの視点を活かして提示できるアイデアは少なくない。環境保護・保全と適正利用のバランスのとれたあり方を考えるうえで，「観光にかかわる者」たちも，積極的に関与・貢献していくことが必要ではないか。

　実際に，世界遺産は観光振興を目的としていないものの，現実に世界遺産に多くの観光客が訪れ，本来の保護の役割がはたしにくくなっているのは世界的にみても紛れもない事実である。また，開発途上国の雇用創出の効果に注目した『世界遺産を守る持続可能な観光計画』が，2001年にユネスコの世界遺産

委員会により発表されている。

　屋久島でも，副次的な結果としての観光客の増加を，エコツーリズムの展開といった地域における経済活動にとどまらず，むしろ環境保全に対する関心喚起の機会としてとらえ，それにともなう諸種制度の設計が早急になされる必要がある[9]。むしろ世界自然遺産に登録されてしまったがゆえに，保護はおろか遺産の劣化を招くというジレンマに陥ってしまいかねない。このことに関して，建井（2005）は以下のように指摘する。

　　遺産の保護と観光振興を「持続可能な観光」という観点からみた場合，両者の関係は個人の価値観という微妙なバランスのうえに成り立っており，そのバランスがうまく調節されることによって両立が可能になる。両者をバランスよく両立させるためには，関係者の一部のみの価値観を反映させた決定にもとづいて運動を推進するのではなく，自然・文化遺産の管理者，行政，地域住民，観光業関係者，観光客などのすべての主体を協議に参加させ，合意形成を行い，それにもとづいた運動を行うことが必要となる。

　世界自然遺産登録地に多くの観光客が集中する屋久島の現状は，世界遺産の保護の視点からは明らかに負荷量の増加が危惧される状態に陥っている。一方で，観光振興という視点からは地域経済に一定量の波及効果が生じている。この両者のバランスをとることこそが，エコツーリズムが本来的にもつ仕組みといえる。世界自然遺産の保護を優先しすぎれば島の基幹産業への影響は必至であるし，観光客の需要を優先しすぎれば自然環境の劣化が生じ，観光産業は一気に存亡の危機に直面することになる。まさしく屋久島は，その分岐点に立っているといえるのではないだろうか。

6．自然と人間との調和的共生を目指して

　本章のもととなった論文に着手しようと思った起点は，2011年6月に屋久島町議会が「屋久島町自然観光資源の利用及び保全に関する条例」案を全会一

致で否決したことにある。報道や現地調査をとおしてこの状況について考えをめぐらせるたびに，改めて世界自然遺産の目的と環境保全を指向するエコツーリズムの確立を図るためには，環境保全と観光振興との間のジレンマに正面から向き合う必要がある点を痛感することとなった。

　すなわち，立ち入り制限は環境負荷の軽減につながるため，総論としては賛同する意見が多くても，観光客の減少や損失額の見込みを数字として突きつけられると地域経済への影響を懸念する声が大勢を占める，という各論反対の状態になるのである。

　この理由は，世界自然遺産とエコツーリズムというものの本来的な意味や役割が，地域で広く共有されてこなかったことにも関係すると推察している。屋久島で展開されているエコツーリズムは，職業としてのガイドの登録・認定制度のもとに，世界遺産登録地域をおもな対象としている。そのため，たとえば登録地域についてなんらかの議論が必要になったとすれば，まずはガイドの意見が反映される制度設計が求められる。同時に，前提として忘れてならないのは，エコツーリズムを含む観光を成立させる4つの要素（地域社会・観光客・観光資源・観光資本）のうち，とりわけ自然や文化といった観光資源を，訪れる者を惹きつける状態に代々保全してきたのは，地域社会に暮らす住民だということである。

　すでに屋久島の観光は島内最大の産業規模になっており，立ち入り制限が行われた場合の影響は，一時的な売り上げ減少をはじめ少なからず生じると考えられる。しかし，はたして現状は持続可能なものといえるだろうか。自然環境への負荷量の増大は，徐々に進行したとしても，現象として表出した後は急激な悪化をたどる危険をはらんだものであり，エコツーリズムを標榜し，世界自然遺産登録地域がおもな観光の対象となっている以上，その理念のもとに観光振興のあり方を熟議する必要がある。

　このように，環境保全と観光振興の両立を実効力あるものにしていくには，地道さが求められる一方で，早急な体制の構築が必要とされる側面もある。地域住民はもちろん，エコツアーガイドをはじめとする多様な主体が一堂に会した協議にもとづく，合意形成を得る過程を重視すべきであろう。

屋久島では，エコツーリズム推進法にもとづく枠組み構築にかわり，新たに入島料の制度が引き続き模索されている。また，2014年6月18日に成立した「地域自然資産地域における自然環境の保全及び持続可能な推進に関する法律」は，国立公園などの重要な自然資産区域について，自治体が主体的に計画を策定し，入域料を徴収し，その収入は自然環境の保全に使用することが明記された。屋久島が今後本法にもとづき環境保全と観光振興の両立を図っていくのかを含め，今後の動向を注視する必要がある。

付記

　本研究を進めるにあたり，屋久島町役場環境政策課には，資料提供などで大変お世話になった。記して感謝申し上げる。
　なお，本研究は，鹿児島国際大学附置地域総合研究所客員研究員2010年度配分研究費ならびに科学研究費・基盤研究（B）「正負の生態系サービス経済評価のための環境経済・倫理・法政策・生態学の融合研究」（研究代表者：吉田謙太郎）の一部を使用した。
　本章の内容は，鹿児島国際大学附置地域総合研究所『地域総合研究』39（1・2合併号）および古今書院『地理』56（12）に掲載した論文を大幅に加筆修正したものである。

注

1) 日本経済新聞2011年6月15日掲載記事による。
2) 2008年4月に施行されたエコツーリズム推進法により，市町村が特定の自然観光資源を指定し，それらを損なうおそれのある行為に対して，30万円以下の罰金に処する条例を設けることが可能になった。本条例案はこれを受けて上程されたもので，自然観光資源として①縄文杉ルート（大株歩道）の自然植生，②永田浜のウミガメ，③西部地域の生態系と歴史的資源の3カ所を挙げ，ここへの立ち入りを町長の承認制として一人400円の手数料を徴収することを目指していた。
3) 西日本新聞2011年6月22日掲載記事による。
4) 当時，旧・屋久町（屋久島南部）の農家に聞き取り調査を行ったが，ヤクザルの食害は指摘されたもののヤクジカについてはほとんど被害について話されるケースはなかった。このときの調査結果については，深見ほか（2003）を参照されたい。
5) なお，海外におけるエコツーリズムの概念は，1982年に国際自然保護連合（IUCN）の第3回世界国立公園会議」において，「自然保護の資金調達機能として有効」と確認されたのが始まりとされる（宮内，2003）。
6) 2008年4月に施行されたエコツーリズム推進法は，第1章に目的として「自然環境の保全」「観光の振興」「環境教育」の推進が示されており，第5条において市町村が「エコツーリズムを推進しようとする地域ごとに，…（中略）…エコツーリズムに関連する活動に参加

する者ならびに関係行政機関及び関係地方公共団体」によるエコツーリズム推進協議会を組織することができる，と定めている．協議会の役割として，エコツーリズム推進全体構想の作成が義務づけられている．屋久島町では，本法に則り，「自然環境資源」（動植物の生息地または生育地その他の自然環境，ならびに自然環境と密接な関連を有する風俗慣習その他の伝統的な生活文化に係る観光資源；第2条参照）を，町長が「特定自然観光資源」（観光旅行者その他の者の活動により損なわれるおそれがある有形の自然観光資源であって，保護のための措置を講ずる必要があるもの；第8条参照）に指定することで，損傷や廃棄物の放置などの行為に対して町が改善の指示を出すことができる．また，それらの状態悪化のおそれがある場合には，立ち入ろうとする者の人数を制限することを可能としている．屋久島では，条例案が可決され，『屋久島エコツーリズム推進全体構想（素案）』が国に認定されれば，町は脚注2に挙げた3カ所を「特定自然観光資源」に指定でき，国は認定を受けた町の広報など積極的に支援を行うなど，国や地方自治体，NPOなどの民間団体といった多様な主体によるエコツーリズムの協力関係が促進される見込みであった

7) 原文（英文）はユネスコ世界遺産センターホームページで閲覧できる（http://whc.unesco.org/en/criterial/）．本論文に掲載した日本語文は，鈴木 (2010) による．これらの項目のうち，一つ以上を満たすことが登録の条件となっている．
8) たとえば，世界遺産第1号のガラパゴス諸島（エクアドル）は，観光客や移住による人口の増加により，2007年に危機遺産に登録されたことがある（その後，自然環境保護への改善が図られたとして2010年に危機遺産から消除されている）．また，これまで世界遺産リストから削除されたものは，自然遺産はアラビアオリックスの保護区（オマーン，2007年）の1件，文化遺産はドレスデン・エルベ渓谷（ドイツ，2009年）の1件となっている．
9) その具体的な施策として，エコツーリズム推進法にもとづく『エコツーリズム推進全体構想』の認定と「特定自然観光資源」の指定といった枠組み整備は，屋久島の現状をみたとき，少なくともパイロット的な位置づけとしての試行価値があったと思われる．これに関連して，他のエコツアー地域とくらべて屋久島の観光客数は小規模であるとか，立ち入り規制は市場機能を阻害するとかの指摘もなされているが，少なくともエコツーリズムの展開される地域の自然環境が置かれた状況や環境負荷への容量は個別に異なるため，数字の大小の比較はあまり意味をもたない．そもそもエコツーリズムの理念が，スモール・ツーリズムや着地型観光を指向するものであり，自然環境の保護を図るためのなんらかの規制を行う余地は，エコツーリズム成立の前提として存在すると考えるのが適切といえる．

文献

市川 聡 (2008)：世界遺産登録後の屋久島の課題とエコツーリズムの現状．地球環境，13，pp.61-70.
鈴木晃志郎・鈴木 亮(2009)：世界遺産登録に向けた小笠原の自然環境の現状．小笠原研究年報，32，pp.27-47.
鈴木晃志郎 (2010)：「世界遺産登録と観光」『観光とまちづくり－地域を活かす新しい視点－』，古今書院．

建井順子（2005）：世界遺産推進運動と持続可能な観光－三徳山の世界遺産推進運動に関する考察－．TORC レポート，25（上），pp.74-82．
萩野 誠（2011）：屋久島縄文杉ルートの現状と観光としてのエコツアー．経済学論集，76，pp.41-56．
深見 聡・坂田裕輔・柴崎茂光（2003）：屋久島における滞在型エコツーリズム－地域住民との連携を主軸とした確立可能性－．島嶼研究，4，pp.41-55．
真板昭夫・石森秀三・海津ゆりえ編著（2011）：『エコツーリズムを学ぶ人のために』．世界思想社．
宮内久光（2003）：沖縄県におけるエコツーリズムに関する基礎的研究．人間科学，11，pp.83-121．
渡辺悌二・海津ゆりえ・可知直毅・寺崎竜雄・野口 健・吉田正人（2008）：観光の視点からみた世界遺産．地球環境，13（1），pp.123-132．
朝格吉楽図・淺野敏久（2011）：屋久島のエコツーリズムをめぐる自然保護と観光利用の均衡．日本研究，24，pp.21-44．

第9章

島嶼におけるエコツーリズムの展開
― 上対馬の住民意識調査から ―

1. 上対馬におけるエコツーリズムの現状
1.1 問題の所在と研究目的

本格的な少子高齢社会の到来とその進展は，経済市場規模の縮小や偏在化といった構造的転換をもたらすことが予測されている。そのなかでも，大部分の島嶼では，本土に比べ地域コミュニティを支えてきた社会的，経済的基盤の消失が進み，社会生活を支えるさまざまな機能にすでに先行した変化がみられつつある[1]。

一方で，定住人口の減少が避けられないことから，政府や地方自治体は，都市と地方の人びととの往来による交流人口の拡大に力を注ぐようになっている。その典型的な施策として，観光振興が挙げられる。

国レベルでは，2007年1月に観光立国推進基本法を施行，2008年10月に観光庁が発足している。自治体レベルでは，基本計画の策定にあたって観光を掲げ，地域振興の核に据えるのがもはや当たり前のようになっている（深見・井出，2010）。

交流人口の対象は，国内の人びとに限られるものではなく，外国人の観光客も含まれる。国際観光振興機構によると，2002年の日本人海外旅行者数が年間約1,600万人であるのに対して，日本を訪れる外国人旅行者が524万人と約3分の1にとどまっていた。そこで，国土交通省が中心となって「グローバル観光戦略」が策定され，実行すべき戦略として「外国人旅行者訪日促進戦略」が設定された。この一つとして2003年からビジット・ジャパン・キャンペーンが展開され，小泉純一郎内閣総理大臣は第165回国会の施政方針演説において，日本を訪れる外国人旅行者の数を2010年に2003年の2倍にすることを目

標として掲げた[2]。

　これを受けて自治体レベルでも，外国人観光客の受け入れ体制について具体的な検討が加速することとなる。本章で扱う長崎県では，対馬への韓国人旅行者の目標値を算定し，その達成のため対馬全域を「しま交流人口拡大特区」として構造改革特別地域に提案・申請し，2003年11月28日に認定を受けた。

　2005年に開催された「愛・地球博」を機に，韓国人の短期滞在ビザを免除する措置が恒久化されて以来，対馬は韓国人観光客にとっていわゆる「安近短」で訪問可能な海外旅行先として定着していく。現在，対馬市では人口3万4397人（推計値，2012年6月末現在）に対して2倍以上の韓国人が訪れている（図9-1）。2011年10月よりJR九州が比田勝－釜山間に新たな国際定期航路を開設したことによる利便性の向上によって，今後韓国人観光客のさらなる増加が予測されている[3]。

　現状では，韓国人旅行者の多くは韓国の旅行会社が提供するツアーに参加する形で対馬を訪れており，現地から韓国人の通訳ガイドが同行し，大型バスで厳原を中心とする下対馬地域の観光スポットをめぐるという行程が主流となっている。2008年に対馬観光物産協会が韓国人観光客に実施したアンケートによれば，対馬を訪れる動機の9割は観光で，具体的には，歴史（体験），登山，景観，釣りを目的としていることが明らかになっている。いわば，対馬の自

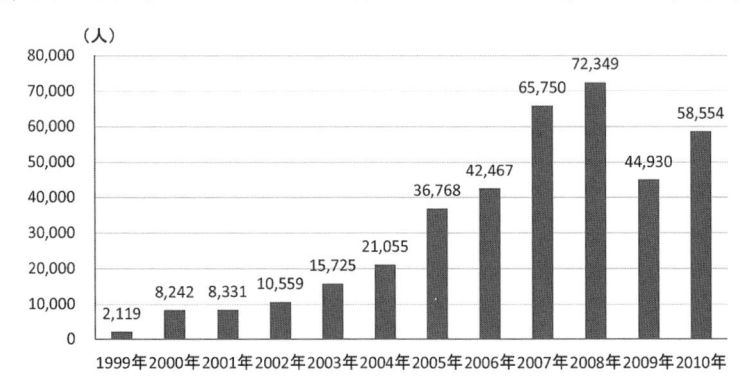

図9-1　対馬への韓国人入込客数

1999年～2007年の数値は法務省『出入国管理統計年報』，2008年～2010年の数値は2011年4月17日付の長崎新聞記事をもとに，筆者が作成。

然や文化を背景に存在する観光資源を活かすという，エコツーリズムの一種としての性格を有していることがうかがえる。

　しかし，韓国人観光客が増加し始めた当初，対馬の住民の多数は積極的に対応策をとらなかった[4]。むしろ，接触を避けるかのように敬遠し，その間に韓国系資本の企業がビジネスを独占するという状態が形成されていったとの指摘もある（島川，2009）。韓国人観光客は，おもに韓国系資本のホテルや飲食店を利用するため，観光客の増加が対馬の人びとに思ったほどの波及効果をもたらしておらず，「観光地対馬は，韓国人により韓国人のためにつくられたといっても過言ではない」（山田吉彦，2007）といわれるようにもなった。

　しかし，近年では徐々に住民の活動も広がり始め，それに加えて個人で訪れるリピーターも増加しており，わずかではあるものの観光形態に変化が生まれている。それらを支援する取り組みとして，対馬市が中心となりながら，(財)対馬国際交流協会釜山事務所の設立や，国際交流員による韓国語講座やイベントの開催など，住民が対馬と韓国の相互理解につながる機会の提供がなされている。また，下対馬地域の旧厳原町にある対馬市交流センター内に韓国語支援センターが開設され，サポーターと呼ばれる通訳が週4日常駐することで観光案内やショッピングでの相談やトラブル対応にあたっている。民間でも個人や団体での活動が活発になっており，観光バスや観光タクシーを運行する事業者も増加している。また，下対馬地域にある長崎県立対馬高等学校では，2003年に国際文化交流コースが設置されるなど，若年層の人材育成も図られている。

　韓国人観光客ばかりでなく，国内観光客の増加を望む声も当然ながら根強いものがある。2005年，国内観光客の増加を図る目的で，対馬グリーン・ブルーツーリズム協会が設立され，都市部からの観光客誘致が行われている。実数として大きな変化はみられないものの，たとえば，(有)対馬エコツアーの利用者の多くは国内観光客であり，リピーターも増加傾向にある。このことから対馬ならではの自然を活かす路線は，国内観光客にも充分受け入れられるといえよう。同社は，同時に韓国人観光客の獲得を狙い，韓国語版のホームページの開設や，韓国の旅行会社への営業活動を展開している。現在，韓国では空

前のトレッキングブームが起きており，トレッキングを目的として対馬を訪れる旅行者も増えている。

　繰り返しになるが，韓国人観光客の増加や国内観光客の誘致活動が，即効性をもって対馬の活性化につながっているかと問われれば，住民の実感は決して高くはないであろう。ただ，対馬のような自然や文化を活かす観光形態は，広義にエコツーリズムの一つといえ，エコツーリズムの展開にあたっては，自然環境への負荷の予測，地域住民や観光客の指向といった事前の検討が慎重になされる必要がある[5]。その意味では，エコツアー（エコツーリズム）の取り組みが広がりつつある今日こそ，対馬で必要なルールを探る時機にあるととらえるべきであろう。国内観光客はもちろんのこと，増加傾向にある韓国人観光客に対する配慮を深めることは，「豊かな自然環境と人びとの生活が密着しているところでは，環境への負荷が直接生活環境の悪化を招きかねない」（市田ほか，2005）条件の高い島嶼では，とりわけ喫緊の課題といえる（Hall, C.H. & Lew, A.A., 2009）。

　島嶼におけるエコツーリズムの先行研究は，西表島や小笠原諸島，屋久島など「もともと観光地として知名度の高い，いわば「主流」ともいえる離島」[6]を扱ったものが比較的多い。他方，これからエコツーリズムの仕組みを本格的に取り入れようという状況にある「主流の離島」以外を対象とした研究は少ない（宮内，2009）。そのなかでは，対馬の集落の観光に対する可能性を「野生動植物を中心に置きつつもそれだけに頼ることなく，離島という立地，文化や景観など集落のもつポテンシャルを利用」する必要性を説いた堀江（2006）や，本章で扱うのと同じ上対馬地域を対象として韓国人観光客向けの観光プログラムの開発と人材育成の必要性を説いた佐藤・藤崎（2011），鹿児島県十島村（吐噶喇列島）を対象として，離島の観光事業は「自然環境や住民生活にとって負荷を調整しやすい形態」を志向することの妥当性を指摘した大田（2012）が注目される。しかし，いずれもエコツーリズムに代表される島嶼の観光で主導的な役割を担うことが期待される住民，とくに現在の主要な担い手と位置づけられる商店街に暮らす人びとや，将来の担い手とされる若年層の意識にまで踏み込んだ検討はなされておらず，より地域の実情をリアルに把握する必要がある。

以上のような状況を踏まえて本章では，長崎県対馬市の中心地である旧厳原町から離れ，エコツーリズムを推進していく際の自然観光資源が比較的未利用の状態で存在する（これからエコツーリズムの取り組みが具現化される状態にある）上対馬地域を対象として，上対馬地域に暮らす住民は自地域をどのように評価し，エコツーリズムをどのようにとらえているかを，アンケート調査をもとに把握し，今後の上対馬地域におけるエコツーリズムのあり方について検討していく．

1.2　研究方法

　アンケート調査（章末の「資料9-1」を参照）は，エコツーリズムという観光形態による地域活性化のテーマを考慮して，その恩恵を受ける地域商店街に暮らす住民を対象者とし[7]，上対馬地域で国際航路の発着点となっている比田勝港（写真9-1）にほど近い比田勝・佐須奈の両商店街で実施した．また若年層の意識を知るため，上対馬地域で唯一の高校である長崎県立上対馬高等学校の生徒も対象に加えた（図9-2）．

　2011年7月19～22日にかけて，比田勝商店街と佐須奈商店街に暮らす

写真 9-1　比田勝港
写真家・仁位孝雄氏が撮影．

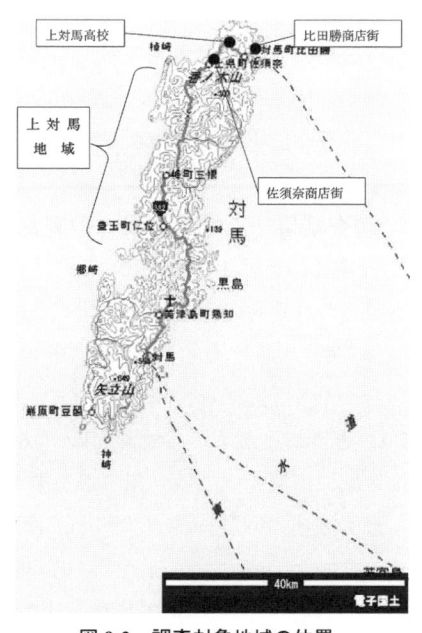

図 9-2　調査対象地域の位置
この背景地図等データは，国土地理院の電子国土Webシステムから配信されたものである．

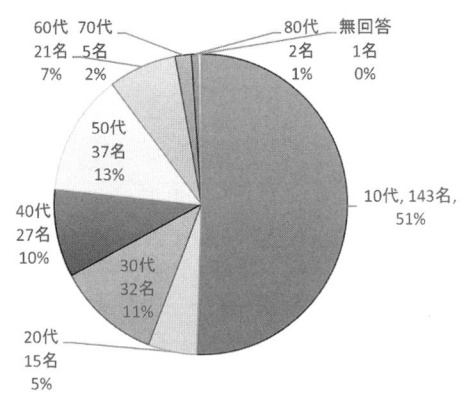

図9-3 アンケート回答者の年齢別割合

住民，長崎県立上対馬高等学校生徒から，それぞれ91名，50名，142名の計283名から回答を得た。年齢別の内訳は図9-3の通りである。この結果から，上対馬地域の住民が地元の観光の現状に対してどのような意識をもっているのか，その特徴を考察していくことにする。なお，次に掲載する自由記述回答のうち，とくに重要と思われる箇所については筆者の判断で下線を施している。

2. 調査結果—上対馬住民へのアンケート
2.1 現在の上対馬の観光について
(1) これからの上対馬に「観光」は重要か

「かなりそう思う」（103名，36%）と「ある程度そう思う」（132名，47%）を合わせた回答が約8割を占めた（図9-4）。「あまりそう思わない」（19名，7%）と「まったくそう思わない」（6名，2%）に比べて，大多数の住民は上対馬地域には観光への取り組みが重要であると認識していることがわかる。

自由記述の回答に注目すると，観光が重要と考える理由として，「あまり知られていないと思うから，上対馬のよいところをもっともっとたくさんの人に知ってもらいたい」（回答場所：上対馬高校，年齢：17歳，性別：女性，職業：高校生），「過疎化が進み，交流人口の拡大は地域を活性化させるために必要だから」（比田勝, 46, 男, 公務員），「対馬には見どころ，おいしいものが多く，もっ

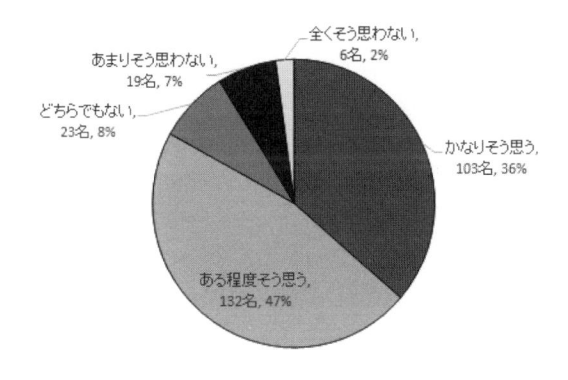

図9-4　これから「観光」は重要か
資料9-1にある質問紙の質問3の回答を集計．

と知ってもらうことで経済効果も期待できる．都会で味わえないものがあり，都会の人はそれを求めていると思う」（佐須奈，40，男，公務員）のような積極的理由が挙げられている．一方で，「他の産業の発展が期待できないから」（比田勝，45，女，自営業）のような消極的理由もわずかながらみられた．

　重要とは考えない理由として，「海も山もマナーがよくなければ<u>自然を壊すこともある．地域振興よりも自然のほうが大切</u>だと思うから」（佐須奈，41，女，自営業），「地理性（最西端の県の離島であるということ）や交通アクセス（島内・島外）を他の観光地と比較すると，短期旅行（日帰りや1～2泊の旅行）には向いていないため」（佐須奈，33，男，公務員），などが挙げられた．

(2) 上対馬はよい観光地と感じるか

　「かなりそう思う」（27名，9%）と「ある程度そう思う」（94名，33%）を合わせた回答43%が，「あまりそう思わない」（74名，26%）と「まったくそう思わない」（16名，6%）を合わせた回答32%を上回った．また，「どちらでもない」（70名，25%）と判断を躊躇する割合も一定程度存在する結果となった（図9-5）．

　自由記述の回答に注目すると，よい観光地であると考える理由として，「き

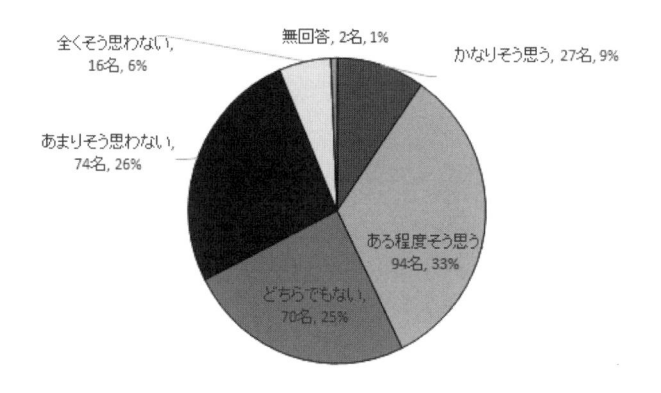

図 9-5 上対馬はよい観光地か
資料 9-1 にある質問紙の質問 5 の回答を集計.

れいだから．自然がいっぱいあるから」(上対馬高, 17, 女, 学生),「いろんな名所があるから」(上対馬高, 16, 男, 学生),「上対馬にしか生息しないヒトツバタゴや国境の町という上対馬特有のものを活かし, 就職先などを確保し人口の流出を防ぐことができると思うから」(比田勝, 28, 女, 公務員),「魚, 食べ物が新鮮でおいしい」(佐須奈, 67, 男, 自営業)などが挙げられた．

　よい観光地ではないと考える理由としては,「多くの人に豊かな自然を知ってほしいけど, 観光客によりポイ捨てなどが増えて自然が損なわれるのは嫌だから」(上対馬高, 16, 女, 学生),「地域振興に観光は大いに役立つが, とくに目立った観光地がないため」(佐須奈, 25, 男, 公務員)といった意見が目立った．すなわち, 受け入れ側の仕組みづくりの未熟さと, そもそも自地域を観光地として認識していないことに起因する結果となっている．

　ここで①②の設問について, 比田勝商店街・佐須奈商店街・上対馬高校の対象地別回答を比較すると, 比田勝・佐須奈のいずれにおいても, 観光が重要であると認識する一方で, 現状の上対馬は観光地としての魅力に欠けると感じている割合が高いなど, ほぼ同じような回答の傾向がみられる．それに対して, 上対馬高等学校の生徒はどちらの質問にも肯定的な割合が高くなっており, 若年者が自ら暮らす地域へ肯定的視点を向けていることがうかがえる(図 9-6)．

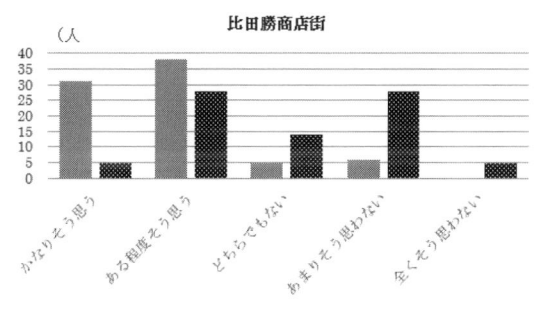

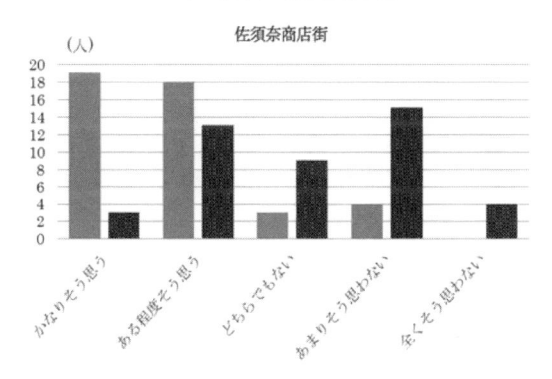

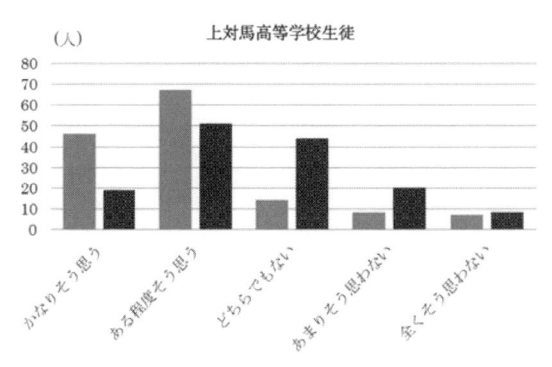

第 9 章　島嶼におけるエコツーリズムの展開　139

図 9-6　(1)(2) の設問の回答比較

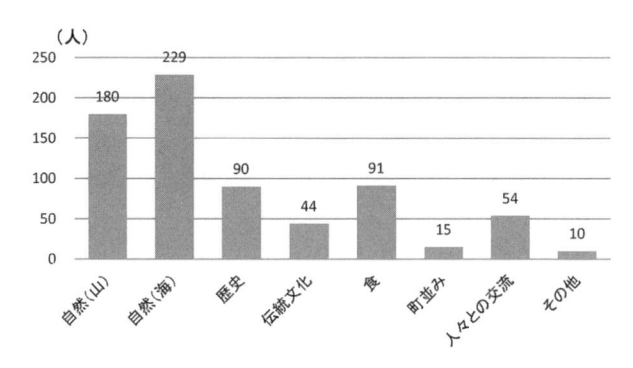

図 9-7　上対馬でアピールすべき資源
資料 9-1 にある質問紙の質問 7 の回答を集計.

2.2　これからの上対馬の観光について

(1) 上対馬の「観光」で何をもっとアピールすべきか

この設問では最大 3 つまで回答してもらった。その結果，「自然（海）…海の幸料理，シーカヤックなど。また，それらを活かしたイベント」(229 名，81%) が最も多く，ついで「自然（山）…山の幸料理，植物や昆虫，鳥類など。また，それらを活かしたイベント」(180 名，64%) と，自然環境資源の魅力を発信していくべきという回答が，他の選択肢の回答のおよそ倍以上に達した（図 9-7）。

(2) 上対馬の観光客誘致で力を入れる対象は誰か

この設問では最大 3 つまで回答してもらった。その結果，「日本人男性（20 代後半〜30 代）」(100 名，14%) が最も多く，「韓国人観光客」(94 名，13%)，「日本人女性（20 代後半〜30 代）」(91 名，13%) と続いた。全体的には 20 代後半から 60 代の国内観光客と，韓国人観光客の誘致を挙げる割合が比較的高かった（図 9-8）。

(3) 上対馬に合う観光形態とは

「バスを貸し切ってのパックツアー」(107 名，38%)，「4〜5 人の小規模ツアー」(106 名，38%) の二つの回答が突出して多く，ついで「個人旅行」(37 名，

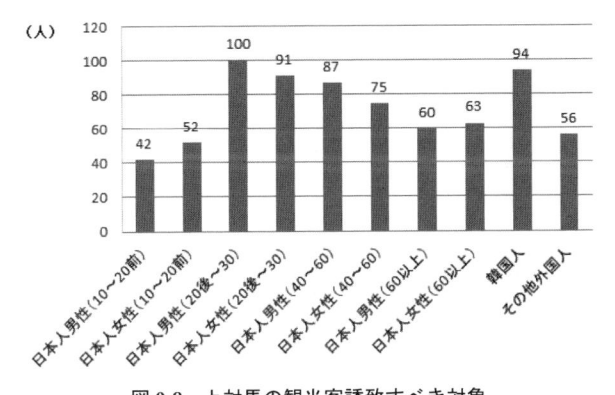

図 9-8 上対馬の観光客誘致すべき対象
資料 9-1 にある質問紙の質問 8 の回答を集計。

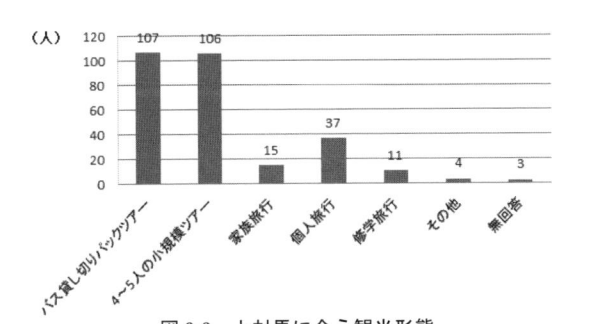

図 9-9 上対馬に合う観光形態
資料 9-1 にある質問紙の質問 9 の回答を集計.

13%),「家族旅行」(15 名, 5%) となった (図 9-9)。

ここで本設問について, 比田勝商店街・佐須奈商店街・上対馬高校の対象地別回答を比較すると, 比田勝商店街は「4〜5 人の小規模ツアー」(47 名, 59%),「バスを貸し切ってのパックツアー」(13 名, 16%),「個人旅行 (11 名, 14%), 須奈商店街は「4〜5 人の小規模ツアー」(24 名, 55%),「バスを貸し切ってのパックツアー」(9 名, 20%),「個人旅行」(6 名, 14%) となり, 上対馬高校生徒は「バスを貸し切ってのパックツアー」(81 名, 58%),「4〜5 人の小規模ツアー」(25 名, 18%),「個人旅行」(19 名, 13%) という結果になった。 二つの商店街はほぼ同じような回答の傾向であったのに対して, 上対馬

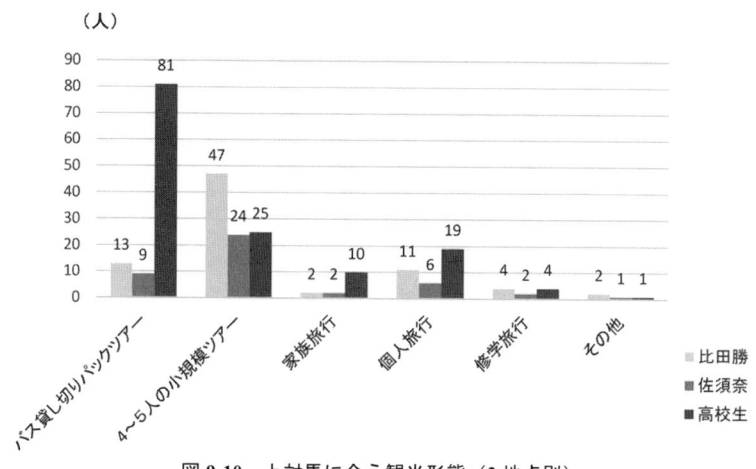

図 9-10　上対馬に合う観光形態（3 地点別）
資料 9-1 にある質問紙の質問 9 の回答を集計.

高等学校生徒はバスを貸し切ってのパックツアーの割合がかなり高いことがわかる（図 9-10）。

2.3　エコツーリズムに対する意識

アンケート用紙に，エコツーリズムとは「与える負荷を最小限にしながら自然環境を体験・学習し，観光の目的地である地元に対してなんらかの利益や貢献のある観光」[8]という説明文を付記し，その後段に「エコツーリズムの考え方に共感できますか？」という設問欄を置いた。これに対しては，「かなりそう思う」（83 名，29%）と「ある程度そう思う」（124 名，44%）を合わせた回答が約 7 割を占めた（図 9-11）。

エコツーリズムという言葉は聞いたことがなくとも，少なくともその考え方については共感するという回答が圧倒的多数の結果となった。自由回答の内容に注目すると，肯定的な理由としては「対馬には貴重な動物などがたくさんいるから」（上対馬高校, 16, 女, 学生），「日本全国で観光地が観光客自身によって汚されていく現状があり, とてもそう思います」（比田勝, 24, 男, そのほか），「自分の体験した自然を他の人, 後の世代にも残したい」（佐須奈, 37, 男, 公務

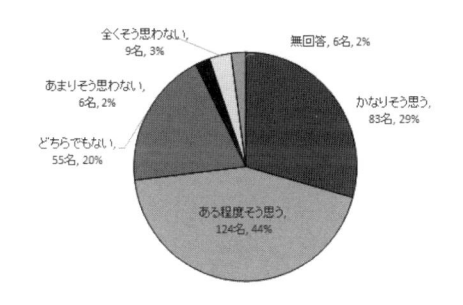

図 9-11 上対馬住民のエコツーリズムに対する意識
資料 9-1 にある質問紙の質問 10 の回答を集計.

員)などが代表的な意見として挙げられた.

一方で,「あまりそう思わない」(6名, 2%)と「まったくそう思わない」(9名, 3%)と回答したエコツーリズムに対する否定的な理由としては,「自然も大切だと思うが,発展した町にもなってほしいから」(比田勝, 22, 女, そのほか),「通常観光は遊び,癒し,楽しむことにウェイトを置く人が多いので,エコツーリズムなどの高尚な理屈を相いれる人は少ないのではないか?」(比田勝, 57, 男, 自営業),「自然保護とハード整備のバランスが難しいのでは」(比田勝, 34, 男, 公務員)などが挙げられた.

2.4 自由回答にみる意識

ここで,自由回答欄(資料 9-1 にある質問用紙の質問 12)に記載された記述を KJ 法により分類した結果を示す.すなわち,上対馬地域が抱える 3 つの対象(住民・自治体・商店街)のもとにさまざまな課題が存在することがわかり,さらにそれぞれに属する具体的な指摘内容が分類された(表 9-1).

これらの課題は上対馬地域に限らず,他の島嶼や本土においてもみられるものだが,エコツーリズムをはじめとする観光の成立条件として,地域住民の幅広い理解が求められる点はとくに注目する必要がある.彼らは日常生活においては,自治体職員や商店街の住民に比べ,一般的に観光客との接点が少ない.しかし,持続的な観光の展開を図るには,観光資源を長年保全してきた当事者

表 9-1 上対馬地域の観光に関する課題（自由記述）

対　象	具体的内容
住　民	・意識改革…旅行関係者以外の一般市民．とくに高齢者． ・リーダーの養成…住民の団結． ・観光ガイドの養成．
地方自治体	・交通手段の確保…下対馬〜上対馬までの移動．船の発着時間． ・PR 活動．
商店街	・商店街のあり方…営業時間．創意工夫． ・食の充実． ・食事の際の「持ち込み」問題．
行政・商店街	・宿泊施設の整備．
住民・行政	・ごみ問題[9]の改善．

資料 9-1 にある質問紙の質問 12 の回答を集計

である地域住民の理解は，最も不可欠なものである．

3．考察──調査結果の背景にある上対馬住民の意識

　このアンケート結果から，約 8 割の上対馬の住民が，自らが暮らす上対馬地域において「観光」が重要な役割をもつと考えていることがわかった．観光が重要な役割をもつと考える住民は，過疎化や少子高齢化の進行により衰退が著しい多くの島嶼部と同じく，観光を地域振興の起爆剤としてとらえている．そして，観光客が上対馬地域の宿泊施設や店舗を利用することで地域経済に波及効果をもたらすことや，新しい観光形態として固有の自然や文化を活かすエコツーリズムの仕組みを導入するなどして，交流人口が拡大することに期待を寄せている．

　観光が重要な役割をはたす理由として，「今の上対馬の現状では観光客でも来ない限り，どんどん衰退していくと思うから」（比田勝，44，男，自営業）[10]というような回答も多く，観光の力に期待しているのである．残り 2 割にあたる観光があまり重要とは考えていない住民の意見は，自由記述の回答（資料 9-1 にある質問紙の質問 4）から大きく二つに分けられる．一つは，観光スポット・交通網の未整備や受け入れ態勢が整っていないなどの理由から観光地には不向きであるというもの，もう一つは，観光客の増加により上対馬の自然が破壊されてしまうことを懸念するものである．これらは観光のもつプラスの効

果にばかり目を向けるのではなく，地域で提供可能なものの精選の必要性や，観光がもたらす負の側面についても目を向けるべき指摘ととらえられる。

「今の上対馬はよい観光地と感じるか」という問に対する回答も比較的二分された。この結果のみに注目すると，観光地としての自然資源の魅力に乏しいのではないかという見方もできる。しかし自由記述欄の回答理由をみると，いずれの立場の回答も，上対馬地域特有の自然や文化は観光資源としての魅力を備えているが，受け入れ態勢が整っていないために「よい観光地」とはいえないととらえているものが多かった。このことは「観光」があまり重要ではないと回答した理由の自由記述欄にあった，「海も山もマナーがよくなければ自然を壊すこともある。地域振興よりも自然のほうが大切だと思うから」が象徴的に表している。同様の意見はアンケートの自由回答に多数指摘されており，この点は上対馬地域において観光を成り立たせるうえで，留意すべき住民意識としてとらえておく必要がある。

では，上対馬地域の魅力ある観光のあり方とはどのようなものであろうか。「上対馬の"観光"で何をもっとアピールすべきか」という設問を振り返ると，283名の回答者に対して229名（81%）が「自然（海）」を選択し，180名（64%）が「自然（山）」を選択したという結果から，住民は上対馬を訪れる観光客には自然資源を活かすべきであると考えていること，すなわちエコツーリズムへの指向性が見いだせる（写真9-2）。

写真 9-2 韓国人観光客にも人気の三宇田海岸
写真家・仁位孝雄氏が撮影．

上対馬の魅力である「自然」をより多くの人（観光客）に知ってもらうことを目的とし，適正な観光客数の受け入れによって自然環境の保全との両立を図るエコツーリズムは，今後，上対馬地域の観光において重要な仕組みとなることは間違いない。ただし，島嶼という空間的完結性の高さも手伝って，急激な観光客の増加は肝心な自然環境資源の劣化や滅失を招きかねない（Orams, M.B., 1995 ; Kakazu, H., 2009）。高い不可逆性のもとに存在している自然環境を活かすには，本格的にエコツーリズムの仕組みを構築する前に，理念を具現化するための入念な準備が求められる[11]。

　上対馬地域の観光客誘致すべき対象については，とくに上対馬高等学校の生徒が若年層の国内観光客とともに韓国人観光客を挙げる割合の高さが特筆される。つまり，上対馬地域においてエコツーリズムの取り組みを進めるにあたって，将来の担い手となる世代には，韓国人観光客への抵抗感が少ないといえる。

　それに対して，現在来島している韓国人観光客との接点が比較的多い比田勝商店街と佐須奈商店街の住民は，実際の経済波及効果の問題[12]やマナー上の誤解に直面しているといった点が影響したのか，高校生ほどの高まりはみられない。たとえば食堂など外食をする際，日本人は飲食物の持ち込みを店員に無断で行うことはないが，韓国ではそのような行為はとくに咎められるものではなく，原則として「持ち込み」できるのが当たり前とされている。この点は，相互の文化の違いを知らないことで思わぬ誤解や対立の感情を生むことになりかねないので注意が必要である。今後も，引き続き韓国人観光客の増加が予想される対馬ならではの課題といえよう。さらに，エコツーリズムの対象者として韓国人観光客を迎えるケースも当然増加していくと考えられるが，習慣の相互理解を前提としたうえで，韓国人にとってなじみのある「オルレ」方式の導入や，日本人観光客も含めた自然観光資源への価値認識を高める機会の拡大が求められる[13]。

　上対馬地域に適した観光形態については，上対馬高等学校生徒のバス貸し切りパックツアー，比田勝商店街の住民の「4～5人の小規模ツアー」を挙げる割合の高さが目立った。現在，国内観光客と韓国人観光客のいずれも，人数の面ではパックツアーで訪れる割合が高い[14]。上対馬高等学校の教職員への

聞き取りによれば[15]，公共交通機関は本数も少ないため，貸し切りバスのほうが利便性に優れていると考える生徒の割合がもともと高いといった点をご教示いただいた。いずれにしても，エコツーリズムの仕組みづくりにあたっては，島嶼内を循環する移動手段がどのように提供可能なのかも事前に入念な検討事項なのである。

　また，エコツーリズムで地域を活性化させることは，「観光開発が成功しているようにみられる地域であっても，それが地域住民の生活環境や就業機会の拡大に直接的に結びつくことは難しい」（谷川，2003）というように，先進地とされる屋久島などにおいてもいまだ模索のなかにある。これらの地域で経済波及効果が生まれにくい大きな理由は，島外の企業が観光ツアーを組み，その地域を活用してエコツーリズムを行い，利益はその企業に入るというような流れにある。

　エコツーリズムは，自然や文化といった地域資源の保全と活用の主体が地域住民側に存在する点に大きな特徴があり，国内外の観光客のいずれを対象とした場合でも変わらない理念である。韓国人観光客の多くも，対馬を訪れる目的にトレッキングや自然とのふれあいを挙げる。まずは「いろいろなことに取り組む場合，団結や協力が必要（一部でやっても効果が少ない）」（比田勝，39，男，公務員）[16]という意見に代表されるように，個人単位から住民単位へとエコツーリズムの浸透を図る際に何を始めるか，その第一歩となる「合意形成」の機会の積み重ねが必要ではないだろうか。そのような場があれば，「力を入れるべき対象」や「観光形態」といった幅広い観点にも，住民意識を始点とした共通の目標が見いだされていくと考えられる（柴崎ほか，2008）。

　また「エコツーリズム」と一口にいっても，上対馬地域の住民自身が自地域の地域資源についてどのくらい知っているのだろう，という自問自答の壁にぶつかることがあるかもしれない。他人に何かを紹介するには，まずは自らがそのことをある程度知っておかなければならない。海や山や文化といった地域資源を，まずは住民が向き合い再発見していく機会が必要である。その点，上対馬地域住民がエコツーリズムに対して7割以上が共感していることを，空間的完結性の高い島嶼においてより効果的な仕組みづくりにつながる意識の存

在と評価できる。

　ここで注目したいのは、エコツーリズムという言葉がもつイメージである。そのことを如実に表していたのが、2.3の自由筆記回答「エコツーリズムなどの高尚な理屈を相いれる人は少ないのでは」(比田勝, 57, 男, 自営業)[17]であろう。仕組みづくりの過程で、エコツーリズムは決して難解な考え方ではないという意識の醸成を、ていねいに図ることが重要となる。

　この点については、島嶼では「地域住民と自然環境の距離は近く、人と自然の関係性」が密接であることから、暮らしそれ自体が島嶼の「重要な資産」であることを広く共有するべきである(敷田, 2006)[18]。エコツーリズムは、決して地域住民にとって遠い存在ではない。今あるものを活用し、住民のみならず観光客にも保全との両立について理解を求め志向していくことが、いずれの立場の人びとにとってもプラスの波及効果をもたらす結果につながるといえる。

4. 島嶼観光としてのエコツーリズムの将来

　本章では、上対馬地域の住民が上対馬の観光をどのように評価し、自然観光資源を活かした観光(エコツーリズム)に対してどのような意識を有しているかをアンケート調査により明らかにし、今後の地域にとって役立つエコツーリズムの仕組みづくりに関する問題点について議論を進めてきた。

　その結果、上対馬地域では、新たな交流人口の拡大を図るにはエコツーリズムによる取り組みが有望であることを明らかにした。そのなかでも対馬が有する、非移転性や固有性の高い自然や文化といった地域資源に根ざしたこれらの展開は、住民どうしの合意形成といった地道な仕組みづくりがなされてこそ持続可能なものとして定着すると指摘した。

　さらに特筆すべきは、他の日本国内の島嶼にはほとんどみられない、韓国人観光客の増加という現状を踏まえたエコツーリズムのあり方を早急に検討すべきである。幸い韓国においても「オルレ」をはじめエコツーリズムのような観光形態に関心が高まりつつあり、彼らは対馬におけるエコツーリズムを考えるうえで成否を握るほどのインパクトをもたらす対象と認識しておくべきだろ

う．さらに，2012年に入り竹島問題をめぐる政治的対立の深刻化は，日韓相互の観光客数に影響を与えることが考えられる．対馬は日本のなかでもその先端にさらされているともいえ，エコツーリズムが相互理解の機能もはたすのか大いに注目されるところである．

2011年10月，JR九州は比田勝と釜山との間に新たな定期航路を開設し，「5年以内に現在の倍以上の20万人の韓国人旅行者をお迎えし，地元が潤い喜んでもらえるようにしたい」と目標を掲げた[19]．

日本のなかでも島嶼部は，少子高齢化や経済市場規模の縮小傾向は速度を増している．そのようななかで，観光客が増加することは少なくとも島嶼の住民にとって喜ばしいことといわれる．しかし，観光客の急増や地域への理解をともなわない流入は，むしろ観光により地域を疲弊させることになるだろう．前述の定期航路開設の際，JR九州社長は「まずは5年間，懸命に地域づくりに努め，地域が活性化することが重要」と述べているが[20]，この期間がまさしく上対馬におけるエコツーリズムの仕組みづくりにていねいに取り組む期間と考えることもできよう．

本章では，これからエコツーリズムの取り組みが活発化することが予想される地域の住民意識に重心を置いてきた．島嶼観光のなかでエコツーリズムがどのような状況にあるのか，上対馬地域は相対的にどのような状況にあると評価されるのかといった点や，そもそも観光客を送り出す側（観光旅行業者）への訴求のあり方にまで言及することはできなかった．今後の課題として注目していきたい．

付記

本研究を進めるにあたり，長崎県立上対馬高等学校生徒の皆様，比田勝・佐須奈商店街をはじめとする上対馬地域の住民の皆様にはアンケート調査にご協力いただいた．記して感謝申し上げる．また，本章の内容のうち，アンケート調査票の配布と収集は梅野美寿恵氏（大日本印刷株式会社）が担当した．また，本研究は，科学研究費・基盤研究（B）「正負の生態系サービス経済評価のための環境経済・倫理・法政策・生態学の融合研究」（研究代表者：吉田謙太郎）の一部を使用した．

本章の内容は，長崎大学環境科学部『長崎大学総合環境研究』15（1）に掲載した論文を大幅に加筆修正したものである．

注
1) このことを指摘したものとして，山田誠（2004），皆村（2006）が挙げられる。
2) その結果，2003年の521万人から2010年に861万人へと約1.7倍増加した。ただし翌年は東日本大震災の影響もあり，622万人と急減した。
3) 対馬と韓国との国際航路は，1989年の比田勝－釜山間の小型旅客船「あをしお号」の就航（不定期）が始まりである。1996, 97年に長崎県・旧厳原町は厳原港の国際ターミナルの整備を開始し，1997年に厳原港国際ターミナル，1999年に比田勝港国際ターミナルが開設された。その後，1999年に厳原－釜山間に韓国資本の大亜高速海運による高速船「シーフラワー」（不定期）が就航した。2000年からは定期運行となり，2001年には比田勝－釜山間も運行が開始されるなど，ビジット・ジャパン・キャンペーンにつながる素地が形成されていた。
4) 比田勝，佐須奈の商店街や，対馬観光物産協会上対馬支部での聞き取り（2011年7月20日実施）による。
5) エコツーリズムの理念と実際については，深見（2011）に詳しい。エコツーリズムは自然環境資源なしでは成り立たない一方で，観光客がその保全目的に適さないニーズや，受け入れ側の短中期的な経済利潤の優先ともとれるシーズの提供により，エコツーリズムを具現化するには，相応の時間的準備が不可欠である（田代，2011）。
6) 敷田（2006）より引用。
7) 観光客が商店街を訪れ買い物をする機会，すなわち土産品店や日用品等の購入といった観光客の直接的行為による波及効果は決して高くはない。一方で，旅行・宿泊業者が観光客に提供する食材や備品を購入するなど間接的な波及効果のほうが地元の商店街にとって大きい場合もある（須田，2003）。
8) エコツーリズムの定義にはいまだ多くの議論がなされており，ここで示したものが絶対唯一のものではないことを断っておく。
9) 韓国からの漂流ごみを含めたごみの存在が景観に与える影響を指摘したもの。また，対馬では山や海への住民のごみのポイ捨てが多く問題となっている（NPO法人環境カウンセリング協会長崎，2010）。
10) 資料9-1にある質問紙の質問4の回答より。
11) たとえば筆者は屋久島を例に挙げ，「エコツーリズムというものの本来的な意味や役割が広く共有されていないこと」を問題点として指摘してきた。
12) 国土交通省都市・地域整備局が2008年に刊行した『都市・地域レポート2008』によると，対馬を訪れる韓国人観光客の約8割がパックツアーで訪れているという。
13) 「オルレ」は，「家に帰る細道」を意味する済州島起源の韓国語。対馬を含む九州では，九州観光推進機構が中心となり「九州オルレ」コースを策定している。2012年2月にはその第一弾として佐賀県武雄コースなど4コースが設定され，今後追加されていく予定である（2012年5月2日西日本新聞掲載記事による）。里山や自然景観，地域の文化や食を楽しむという趣旨は，広義においてエコツーリズムの一種と位置づけられる。

14) 上掲 12)．
15) 2012 年 7 月 22 日のアンケート調査票回収時に行った聞き取りによる．
16) 資料 9-1 にある質問紙の質問 12 の回答より．
17) 資料 9-1 にある質問紙の質問 11 の回答より．
18) 同じく敷田（2006）において，島嶼のエコツーリズムにおける観光と保全のバランスをとる際に「一方的な保護は採集や漁業なども含めた離島の歴史的，民俗的な自然環境とのかかわりまで否定しがち」であることに警鐘を鳴らし，「それは島の住民が「地域外の論理」に他律的に従うことであり，外部者による開発と本質的な差は少ない」と述べている．筆者もこの指摘を支持する立場であり，エコツーリズムは自然環境資源の保全が第一義的に登場するものであるが，とくに日本のような自然環境との共生を図る文化も含めてとらえることで持続的な展開が可能になるものと考えている．
19) 2011 年 7 月 20 日西日本新聞掲載記事による．
20) 同上．

文献

市田飛鳥・林 浩二・細川夏実（2005）：エコツーリズムにおける地域環境保全の役割－沖縄県・石垣島における WWF しらほサンゴ村体験ツアーを事例として－．大妻女子大学紀要（社会情報系）社会情報学研究，14，pp.141-155．

大田理那（2012）：離島観光モデルから見た 2009 年十島村皆既日蝕ツアー－小規模外洋離島における観光資本と自治体の相補関係－．地域政策科学研究，9，pp.1-16．

佐藤快信・藤崎亮一（2011）：対馬における観光振興の可能性－上対馬町地域を事例に－．長崎ウエスレヤン大学地域総合研究所紀要，9（1），pp.23-29．

敷田麻実（2006）：離島振興におけるエコツーリズム－島の未来をエコツーリズムは担うのか－．観光，482，pp.15-18．

柴崎茂光・庄子 康・柘植隆宏・土屋俊幸・永田 信（2008）：世界遺産管理における住民参加の可能性－鹿児島県屋久島の島民意向調査から探る－．地球環境，13（1），pp.71-80．

島川 崇（2009）：国境周辺地域におけるインバウンド観光の振興に関する考察－対馬を訪れる韓国人観光客を事例として－．東北福祉大学研究紀要，33，pp.307-318．

須田 寛（2003）：『実務から見た新・観光資源論』．交通新聞社．

田代雅彦（2011）：条件不利地におけるツーリズム事業の発展要因．経済論究，139，pp.77-98．

谷川典大（2003）：鹿児島県硫黄島におけるツーリズムの現状と課題．島嶼研究，4，pp.99-111．

深見 聡・井出 明（2010）：「観光の本質をさぐる-歴史観光論と復興観光論の立場から」『観光とまちづくり－地域を活かす新しい視点－』，古今書院．

深見 聡(2011)：環境保全と観光振興のジレンマ－屋久島を事例として－. 地域総合研究, 39(1・2 合併号)，pp.43-52．

堀江加奈子（2006）：集落における観光意識と離島に対するニーズ-対馬における志田留・田

ノ浜の集落空間とくらし その 4-. 日本建築学会関東支部研究報告集 II（建築計画・都市計画・農村計画・建築経済・建築歴史・意匠），76，pp.133-136.
皆村武一（2006）:『村落共同体崩壊の構造 - トカラの島じまと臥蛇島無人化への歴史』．南方新社.
宮内久光（2009）：日本の人文地理学における島嶼研究の系譜（3）．人間科学，23，pp.131-165.
山田 誠（2004）：南西諸島の経済振興策と経済学アプローチ．地域政策科学研究，1，pp.113-137.
山田吉彦（2007）：韓国に奪われた観光地「対馬」のこれから．新潮 45，26（6），pp.82-89.
NPO 法人環境カウンセリング協会長崎（2010）:『学生グローバルサミット 2009 感想文集』.
Hall, C.M. & Lew, A.A.（2009）: *Understanding and Managing Tourism Impacts : An Integrated Approac*h（*Contemporary Geographies of Leisure, Tourism and Mobility*）.Routledge, New York.
Kakazu, H.（2009）: *Island Sustainability : Challenges and Opportunities for Okinawa and Other Pacific Islands in a Globalized World*.Trafford Publishing, Victoria.
Orams, M.B.（1995）: Towards a more Desirable from of Ecotourism.*Tourism Managemen*t, 16（1），pp.3-8.

第9章　島嶼におけるエコツーリズムの展開　153

資料9-1　本章で使用した質問紙

質問1. あなたは旅行が好きですか？1つ選んでください。
a. かなりそう思う　b. ある程度そう思う　c. どちらでもない
d. あまりそう思わない　e. 全くそう思わない

質問2-1. 質問1でa.bを選択した方のみお答えください。
あなたはどのような旅行を好みますか？(最大3つまで選んでください)
a. 観光スポット巡り　b. 食べ歩き　c. 山登りやキャンプ等自然体験
d. 買い物　e. 歴史探索　f. その他（　　　　　　）

質問2-2. 質問1でc.d.eを選択した方のみお答えください。
その理由は何ですか？

質問3. あなたはこれからの上対馬町の地域振興において「観光」は重要な役割を持つと感じますか？1つ選んでください。
a. かなりそう思う　b. ある程度そう思う　c. どちらでもない
d. あまりそう思わない　e. 全くそう思わない

質問4. 質問3でそう答えた理由は何ですか？

例）豊かな自然を多くの人に知って欲しいから。など、箇条書きや短い言葉でお答えいただいても構いません。

質問5. あなたは今の上対馬町はより良い観光地であると感じますか？1つ選んでください。
a. かなりそう思う　b. ある程度そう思う　c. どちらでもない
d. あまりそう思わない　e. 全くそう思わない

質問6. 質問5でそう答えた理由はなぜですか？

質問7. 上対馬の「観光」において何をもっとアピールすべきだと感じますか？(最大3つまで選んでください)
a. 自然（山）…山の幸料理、植物や昆虫、鳥類等。
また、それらを生かしたイベント
b. 自然（海）…魚の幸料理、シーカヤック等。
また、それらを生かしたイベント
c. 歴史
d. 伝統文化
e. 食
f. 町並み（"長崎さるく"のようなまち歩き）
g. 人々との交流（民泊も含む）
h. その他（　　　　　　　　　　　）

質問8. 今後上対馬が観光客の誘致に力を入れるべき対象は誰だと思いますか？(最大3つまで選択してください)
a. 日本人男性（10～20代前半）　b. 日本人女性（10～20代前半）
c. 日本人男性（20代後半～30代）　d. 日本人女性（20代後半～30代）
e. 日本人男性（40～60代）　f. 日本人女性（40～60代）
g. 日本人男性（60歳以上）　h. 日本人女性（60歳以上）
i. 韓国人観光客　j. その他の外国人観光客

質問9. あなたが上対馬に最も合うと考える「観光」形態を1つ選んでください。
　a. バス等を貸し切ってのパックツアー観光
　b. 4～5人の小規模ツアー観光
　c. 家族、新婚旅行
　d. 個人旅行
　e. 修学旅行
　f. その他（　　　　　　　　　　）

※エコツーリズムとは※
自然環境や歴史文化を対象とし、それらを体験し、学ぶとともに、対象となる地域の自然環境や歴史文化の保全に責任を持つ観光のありかたをいいます。

質問10. あなたはこのエコツーリズムの考え方に共感できますか？
　a. かなりそう思う　b. ある程度そう思う　c. どちらでもない
　d. あまりそう思わない　e. 全くそう思わない

質問11. 質問10でそう答えた理由はなぜですか？

質問12. その他上対馬の地域振興や観光についてご意見、ご感想などありましたら自由にお書き下さい。

■あなたの年齢　満（　　）歳
■あなたの性別　（男・女）
■あなたの職業　a. 会社員　b. 公務員　c. 自営業　d. 農林水産業
　e. パート　f. 専業主婦・主夫　g. 学生　h. 無職
　i. その他

以上で質問は終了です。ご協力いただき、誠にありがとうございました。ご記入漏れがないか、もう一度お確かめ下さい。

第10章

環境首都・水俣における環境教育旅行受け入れの現状と課題

　エコツーリズムは，環境問題と対峙する方法の一つである。とくに，自然環境と人間環境のかかわりについて，その恩恵の部分に注目がなされてきた。一方で，公害に代表される環境問題を知り，その経緯や現状，解決策に触れる取り組みも重要な対象といえる。

　わが国の環境問題は，四大公害病などの公害対策の必要性から関心の高まりがみられた。その結果，水質や大気汚染などの改善が図られ，たとえば本章で扱う水俣病のように，新たな汚染にともなう患者の発生はなくなり，汚染数値そのものが基準以下に改善された事例も多い。ただし，公害により多くの人びとが生活を脅かされ，差別や偏見にもさらされた歴史は決して忘れてはならない。過去を直視することで，これからのよりよい地域づくりの方途につなげていく必要がある。

　本章では熊本県水俣市を事例に，環境教育旅行の役割について考えてみよう。

1. 水俣におけるエコツーリズムの必要性

1.1 問題の所在と研究目的

　21世紀の新しい観光形態として，おもに都市（出発地）の需要に地方が供給で応えるという発地型観光から，地域資源を活かし，供給側で提供可能なものを主導し出発地の人びとを受け入れる着地型観光への変化がみられる。その原因として，旅行者が「非日常性」や「癒し」を求めるようになったことが挙げられる。また，自然や文化，食など地域のもつさまざまな特性を観光資源として売り出していく地域側の工夫が考えられる。「非日常性」や「癒し」を求める旅行者は都市に多く，地方へ出かけ自然や景観に触れ，ゆっくりとした

時間を過ごすという，現代人ならではの指向の表れといえる。こうした背景から，体験型観光としてのエコツーリズムがこの 20 余年の間，注目を集めてきた。

体験型観光とは，地域の自然環境保全活動や産業，文化に参加体験する観光である。2000 年代に入ると，修学旅行に農家民泊や農業体験が採り入れられるケースも増えてきている（鈴村，2009）。今回取り上げる熊本県水俣市では，環境教育旅行と呼ばれる体験型観光が環境教育の一環として実施されている（飯塚，2012）。

水俣市には，1956 年の水俣病の公式確認から今日に至るまで，「負の遺産」を抱えたイメージが消えることなく存在している。「海では泳げない」や「魚は食べることができない」といった間違った認識が今でもなされていることがある。そのため，水俣市では，水俣病の確認がなされて以降，環境政策に力を入れてきた。2011 年には，全国初となる日本の環境首都[1]の称号を得るまでにその状況は回復している（写真 10-1）。その背景として，さまざまな環境配慮への取り組みが行われており，環境教育にも大きな力を入れている。たとえば，一般社団法人環不知火プランニング[2]が中心となって環境教育旅行の誘致を推進している。「学習プログラム」と呼ばれるフィールドワークおよび滞在型環境教育をとおして，水俣市の環境を学ぶことができる。それでも環境首都としての水俣市は全国レベルでメディアに取り上げられることはそう多くはないため，こうした環境教育旅行の誘致は水俣市に残る「負の遺産」のイメージを変えていく際には重要な役割を担うものと位置づけられる。

しかし，根底には地方にくまなくみられる交通アクセスや宿泊，高齢化・過疎化にともなう後継者問題などが存在することも見逃せない。水俣市は高齢化

写真 10-1 「環境首都・水俣」の表彰式
水俣市役所提供.

率が30%を超え，集落によっては50%超のいわゆる限界集落の存在も珍しくない。こういった環境教育旅行の受け入れに関する現状と問題点を把握していくことは，同類の取り組みを行う事例に対しても有用な示唆をもたらすと考えられる。

そこで本章は，水俣市における環境教育旅行の誘致における体験型観光（エコツーリズム）に焦点をあて，自治体やNPO，観光施設，地域交流施設を対象とした聞き取り調査をとおして，それぞれの現状と抱える課題について明らかにすることを目的する。

1.2 研究方法

供給者にあたる受け入れ団体の現状を把握するために，聞き取り調査を実施した。対象として，水俣市で環境教育旅行の受け入れを全般的に行っているNPO法人環不知火プランニング理事長の吉永利夫氏，水俣市4地区（頭石・大川・久木野・越小場）における「地元学」の取り組みの一つとして展開されている「村丸ごと生活博物館」担当の水俣市役所農林水産振興課・赤石護氏，「触れる・食べる・つくる・学ぶ」という4つの視点から体験型観光の提供を行っている水俣市湯の児スペイン村福田農場代表の福田理恵子氏，水俣市久木野地区においてさまざまな体験学習を提供している水俣市久木野ふるさとセンター愛林館館長・沢畑亨氏の4名に協力をいただいた。なお，この調査は2011年11月25～27日にかけて行った。その内容は，非統制的な自由な発話により収集したものである。

2. 水俣市の観光入込客数の現状

水俣市の観光入込客数をみると1997年に71万8308人だったものが2010年には38万33人と，ほぼ半減した状態となっている（図10-1）。

これは水俣市の代表的な観光対象地であった温泉街の衰退が大きく影響していると考えられる。後継者不足による経営困難に陥ったり，施設の老朽化が進んだりしたことが原因とされる[3]。

図 10-1　水俣市の観光入込客数
「熊本県庁ウェブサイト」より筆者が作成. 2011 年 12 月 8 日閲覧.

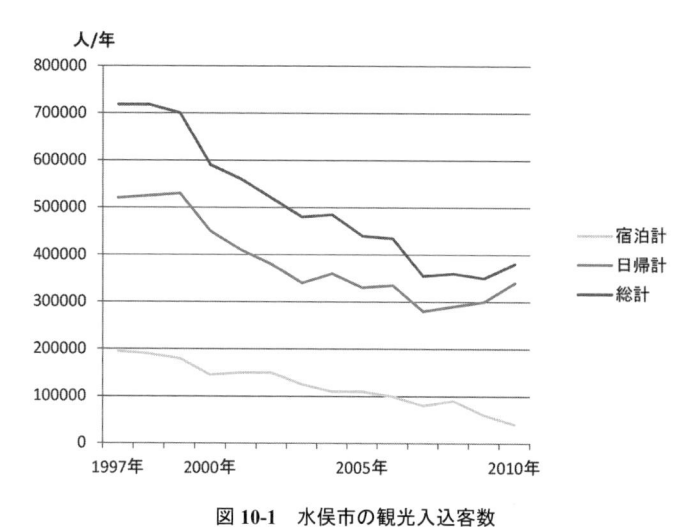

3. 環境教育旅行にかかわる団体の概要

3.1　NPO 法人環不知火プランニング

　熊本県からの委託事業として水俣市への環境教育旅行誘致を全般的に担っており，おもに中学・高校の修学旅行の受け入れを手がけている。水俣市と，市に隣接する芦北地区の地域住民が，「水俣フィールドパートナー」としてさまざまなプログラムのガイドとして参画している。「水俣病とのかかわりを学ぶ」「環境について考える」「暮らしと地域づくりを知る」「楽しく遊び自然に向き合う」という 4 つの大きなテーマのもと 53 のプログラムを準備している。

　こうした活動の目的として，水俣に対する認識を「かわいそう」や「こわい」で終わらせることなく，なぜ水俣病が起こったのか，環境汚染からどのように立ち直っていったのかといった点を知ってほしいという切実な願いがある。そのような地域住民の声が，環境教育の活動に反映されていく仕組みを NPO 法人が構築に努めている。全国各地から訪れる人が多く，また海外からの視察者も増え，水俣病に対する知識や水俣市の現状を学習したいという需要も徐々に増えつつある。

写真 10-2　村丸ごと生活博物館のようす
水俣・芦北地域の教育旅行プログラムパンフレット『みなまた・あしきた』より抜粋.

また，当時は事務局を第三セクター・肥薩おれんじ鉄道の水俣駅駅舎内に置き，事実上水俣の観光案内所としての役割も果たしていた．

3.2　村丸ごと生活博物館（水俣市農林水産振興課）

2001年に水俣市が制定した「水俣市元気村づくり条例」にもとづき，自然，産業，生活文化を守り育てることを目的に活動している．

聞き取り調査の時点では，前述の4地区が村丸ごと生活博物館に認定されている．認定された地域では住民が訪問者を案内し，「生活のたび」といわれる村めぐり，食めぐり，技めぐりの体験ができるようになっている（写真10-2）．

村丸ごと生活博物館では，「あるもの探し」という理念が掲げられており，住民が自らの集落内をめぐり，集落にある資源を再発見するとともに，観光客の目が加わることで新たな発見が生まれることが意図されている．

指定された4地区は高齢化率が40〜50%といずれも市平均より高いが，彼らが中心となり毎年4地区で計1,000人ほどの観光客を迎えている．

3.3　水俣市湯の児スペイン村・福田農場

1968年に熊本県初のミカン狩りができる観光農園としてオープンし，その

写真 10-3　水俣市湯の児スペイン村
　　　　　福田農場
2011 年 11 月 26 日に塩﨑真伍氏が撮影.

後，ぶどうや梨などのフルーツ狩り，ツツジなどの花摘みを 1 年間とおして楽しめるようになった（写真 10-3）。独自の製法でジュースやジャム，ワイン，ハンドクリームなどの加工品を製造・販売している。

　福田農場を開設した福田興次氏は「地域の魅力を引き出し，公害都市・水俣のイメージを変えたい」と食材や建築資材に至るまで水俣のものを用いるこだわりをもっている。来訪者に水俣の魅力を伝えるためにミカン狩りをはじめとした体験メニュー（2011 年現在 7 種類）を提供している。これらはとくに修学旅行生を対象としたものである。

3.4　水俣市久木野ふるさとセンター・愛林館

　1994 年に，水俣市久木野地区の村おこし施設として開設された（写真 10-4）。カフェレストランや農産加工品の販売を行っている。また，環境教育の一環として森林と棚田に囲まれた地区でグリーンツーリズムや棚田保全，森林づくり，豆腐づくりやそばづくりといった食べ物の手づくり体験などがプログラム化されている。

写真 10-4　水俣市久木野ふるさとセンター
　　　　　愛林館
2011 年 11 月 26 日に塩﨑真伍氏が撮影.

久木野地区の生活文化や伝統を守り伝えていく活動を，村おこしやまちづくりにつなげたいとの趣旨から，同様の過疎山村地域からの視察も受け入れている．訪問者は毎年1,500〜2,000人程度で推移している．

4. 調査結果――4団体への聞き取り

聞き取り調査を実施するにあたって，過疎山村という対象から一般的に指摘される問題点として，交通アクセス，宿泊，高齢化，過疎化，後継者不足などが挙げられる．ここでもこれら4点の実際についてたずねた．

その結果を，各団体の聞き取り調査を一文ごとに書き出し，それらをKJ法により分類を試みた．その結果，共通する問題点およびそれぞれが抱える個別の問題点が抽出された（表10-1，表10-2）．ここでは，紙幅の都合上，表10-2に示された問題点について取り上げ，以下にその結果の概要を記す．

表10-1 聞き取り調査から抽出した各団体共通の問題点

共通の問題点	① アクセス方法がバスや車に限られてくる ② 宿泊場所の減少 ③ 現役で活動を行っている人が50歳代以上

筆者が作成．

表10-2 聞き取り調査から抽出した各団体個別の問題点

各団体の問題点	NPO	・フィールドパートナー(ガイド)不足 ・活動の持続性
	市役所	・生業を生み出す必要性
	福田農場	・少子化
	愛林館	・資金や権限

筆者が作成．

4.1 フィールドパートナー（ガイド）不足

高齢化と連動して，現地を案内できるフィールドパートナーが減少を続けている．現地を案内できる人が足りなくなるということは，修学旅行などの誘致をする際に多くの人を一度に呼べなくなることを意味する．また，フィー

ルドパートナーは容易になれるものではなく，現地のことを100%認識するという高い使命感に立って初めて可能となる。そのため，フィールドパートナーの育成が可能な仕組みづくりが重要と考えており，その人材のマネジメント力を高めていくことが急務である。

4.2 活動の持続性

環不知火プランニングは，財源の多くを熊本県からの受託事業に依存している。受託事業がなければ収入が少額にとどまるため，新たな独自プログラムの展開が図れないというジレンマに陥っている。もし受託事業がなくなった場合には，水俣市の環境教育旅行誘致の活動がストップするといった影響も想定される。

近年では，年間約5,000人の受け入れ実績で推移しているが，受託資金なしの自主事業として成り立たせるには年間で2万人の利用が必要になるとの試算を行っているものの，現実的にはその数値達成は難しい。

4.3 生業を生み出す必要性

村丸ごと生活博物館の活動では後継者の問題が表れ始めているが，この活動だけでは収入が少なく生活を続けることは難しい。このなかに生業を生み出さなければ，後継者をみつけることができずに活動自体が終わる可能性も考えられる。

4.4 少子化の進行

少子化は全国的な問題であるが，とくに地方では都市への人口流出と重なり，より深刻さは増している。水俣市でも少子化の問題は顕著に表れてきており，1990年の15歳未満人口は6,592人であったが，2005年には3,904人と半数近くに減少している。水俣市ではさらに高齢化も重なって進行しており，このままの人口動態の変化が続けば，水俣市でのさまざまな体験活動の提供が困難になり，ガイドの後継者が減少していくことは確実視せざるを得ない。

4.5 資金や権限の持続的な確保

　活動の持続と発展のためには，資金だけでなく権限も必要である。環境教育旅行のような修学旅行をおもにした体験型観光であるエコツーリズムでは，行政など他の組織との連携が重要である。同時に，新たな活動やガイドの育成などを行う方向にもっていくのが望ましい。自分たちだけではできないことを他の団体にバックアップしてもらうには，それぞれの権限の明確化も必要である。これは，受委託事業が単に自治体の下請け的な業務代行にとどまることへの戒めとしている。

5．考察——ガイド・人材の育成の2つの可能性

　水俣市の環境教育旅行誘致の現状を把握すると，とりわけ深刻なのがガイド・人材の育成である。この原因として，高齢化や過疎化の進行にともなう後継者不足，ガイドの育成環境が整っていないことが挙げられる。水俣市は市全体で高齢化率が30％を超えており，少子化や都市部への人口流入などの影響から，最近では毎年人口が減り続けている。また，環不知火プランニングの収入が受託事業に大きく依存する状態は，地縁団体にはない機動性を有するNPOでありながら，現実はその点の発揮は厳しい状況にあることを物語る。

　それでは，地方における体験型観光のガイド・人材の育成を行う術はないのであろうか。このことについては二つの可能性を示したい。

　一つは大学などの学校と自治体の連携によるガイド・人材の育成である。このことに関して，佐々木（2008）は「観光を地域再生の起爆剤としたい自治体の思惑があるほか，観光分野の振興策立案や人材育成に"産学官連携"で取り組んでいく狙いがある。"産学官連携"は，地元観光事業者や自治体と大学の研究者などが観光振興において，ともに密接な連携関係を構築するものである。これにより，地域ツーリズムなど着地型観光ビジネスの育成支援やプロデューサー型の人材養成などが期待されている」と述べている。こうした試みは決して容易ではないが，地道な取り組みが蓄積されていくことで体験型観光を含めた着地型観光の普及の可能性が高まると考えられる。

　もう一つは，他地域からの人材の招聘である。環不知火プランニング理事

長（当時）の吉永利夫氏や愛林館館長の沢畑亨氏は水俣市出身ではないが，水俣市の環境教育旅行誘致において中核的な役割を担っている。他地域から人材を招聘するメリットとして，地域のもつ個性や魅力は他地域から訪れる人のほうが気づきやすく，また，地域のもつ「負の遺産」に対して過去のしがらみをもたない。

以上，活動の持続性を指向するには克服すべき点のあることが明らかになった。NPO の受託事業と自主事業の狭間での葛藤や，村丸ごと生活博物館の取り組みに従事する人びとの「生業を生み出す必要性」という指摘がそれに該当する。こうした資金面の問題は，多くの類似事例においても例外とはいえないのではないか。

このように，水俣市の環境教育旅行誘致の現状を掘り下げていくと，自治体，NPO，民間企業などにおける相互の連携の希薄さもうかがえた。各団体のマネジメント機能が一元化され，水俣市を挙げて環境教育旅行を推進していくことができれば，現在の状況からの改善が期待されるのではないだろうか。これは水俣市に限ったことではなく，他の地方においても早急な検討を要する事項と位置づけられる。

6. 着地型観光への転換に活路を

本研究は，熊本県水俣市の環境教育旅行を事例とした聞き取り調査をとおして，その受け入れの現状と問題点を把握することを目的に論を進めてきた。過疎地域に対して一般的に指摘される，交通アクセス，宿泊，高齢・過疎化，後継者という4点はやはり現実に深刻なものとなっている。それと同時に，ガイド・人材を育成する環境や資金面での問題，各団体との連携といった複合的な問題の存在も浮き彫りになった。

経済の好不況は流動的であり，さらに人びとのニーズも多様化している。ただし，体験型観光を含めた着地型観光としての普及が進んでいることは明らかである。今後さらに体験型観光が普及し定着していくためのエコツーリズムはどうすればよいのかについては，本章では言及することができなかった。今後の課題としたい。

付記

　本研究をまとめるにあたり聞き取り調査に応じてくださった，NPO 法人環不知火プランニング（現・一般社団法人）の吉永利夫氏，水俣市役所農林水産振興課の赤石護氏，水俣市湯の児スペイン村福田農場の福田理恵子氏，水俣市久木野ふるさとセンター愛林館の沢畑亨氏には大変お世話になった。ここに深く感謝申し上げる。

　本章の内容は，日本観光研究学会『日本観光研究学会全国大会論文集』27 に掲載した論文を大幅に加筆修正したものである。

注

1) 環境首都創造 NGO 全国ネットワーク（旧・環境首都コンテスト全国ネットワーク）が主催するコンテストで受賞。持続可能な社会づくりを，住民参加のもとに地域から創造していく自治体の取り組みを支持・支援し，加速させることを目的としたコンテスト。2001 年から 10 回のコンテストが開かれており（第 1 回から水俣市は参加し 5 度の総合 1 位を受賞），10 回目のコンテストで初めて水俣市が NGO の設定した条件をクリアし，全国初の日本の環境首都の称号を得た。
2) もとは NPO 法人であったが，2013 年より一般社団法人に法人格を変更し，活動を展開している。
3) 水俣市農林水産振興課の赤石護氏への聞き取りによる。

文献

飯塚和幸（2012）：水俣修学旅行への取り組み．地理，57（2），pp.59-64.
佐々木一成（2008）：『観光振興と魅力あるまちづくり－地域ツーリズムの展望－』．学芸出版社．
鈴村源太郎（2009）：小中学生の体験教育 旅行受け入れによる農村地域活性化．農林水産政策研究，15，pp.41-59.

第11章

災害復興と着地型観光
— 福岡県八女市星野村の事例から —

1. 着地型観光の台頭と現状
1.1 着地型観光とエコツーリズム

　21世紀に入り，地域の観光に新たな展開がみられる。それは，地域住民が主体となって観光資源を発掘，プログラム化し，旅行商品としてマーケットへ発信・集客を行う観光事業への一連の取り組みである。これらの多くは現地集合・現地解散という旅行パターンをとり，「着地型観光」と呼ばれている（尾家・金井編著，2008）。

　着地型観光とは，旅行の発地側で得られる目的地情報や発地側の観点（旅行商品の組み立て・販売に係る規模の経済性，商品情報の市場への伝わりやすさ等）を重視して企画・立案・実施される「発地型観光」に対して，観光の目的地である各地域（＝着地）側が有する固有の地域資源（自然・歴史・産業・まち並み・文化など）にかかわる情報および着地側での人びとの観点（例：各地域での体験，学習などの活動）を重視して企画・立案・実施される観光形態である（国土交通省総合政策局，2005）。そのような観光形態の代表的なものとして，本書で取り上げているジオツーリズムやエコツーリズムがある。とくにエコツーリズムは，自然環境との共生を図る観光のうち，わが国においてもその言葉はよく知られるようになった。

　しかし，従来の観光における主流は，旅行者のニーズを把握し情報を発信するのに便利な「発地型」が大半で推移してきた。しかし，消費者趣向の多様化にともない，旅行企画が型にはまりやすいという弱点も顕在化してきた。そこで，地元の人びとしか知らないような穴場や楽しみ方が注目されるようになり，「着地型」にスポットライトが向けられつつある。地域にとっても，新しい観

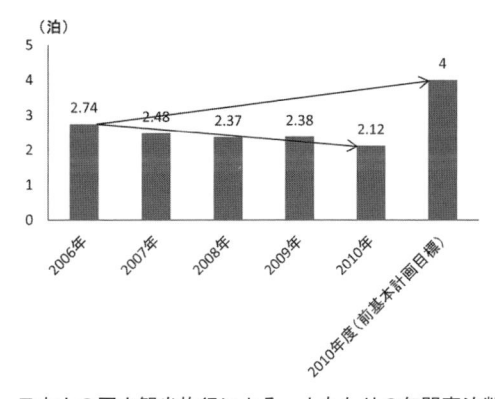

図 11-1　日本人の国内観光旅行による一人あたりの年間宿泊数の推移
『平成 23 年度観光白書』より筆者が作成。

光資源を掘り起こし，都市部の旅行会社に提案する着地型のスタイルが観光を核とした持続可能な地域づくりにつながるとして，力を注ぐ事例も多い。

　日本政府が国を挙げて観光に力を入れ始めたのは，21 世紀に入ってからである。一方で，日本人の国内観光旅行による一人あたりの宿泊数は，世界的な金融危機による景気低迷の影響や，趣味・レジャーの多様化による観光の魅力が相対的に低下したこともあり，減少傾向にある。団塊の世代の退職にともなう余暇活動が予測されたほど伸びなかったことや，年次有給休暇取得率が微増にとどまったことも主要な原因と考えられる（図 11-1）。

1.2　問題の所在と研究目的

　このように，国内観光旅行における宿泊数は，観光庁が当初目標としていた数値とは逆に減少している。この状況において近年注目されているのが，着地型観光なのである。

　また，着地型観光の事例として，平常時の地域づくりへの波及を意識したものに加え，災害から立ち上がる復興の過程において展開されるケースが増えつつある。2011 年の東日本大震災後に生まれた，ボランティア活動や消費行動としての支援，交流の機会の創出といったさまざまな取り組みは，災害復興に

おいて観光が一つの役割を担うことを物語っている。

今回事例として取り上げる福岡県八女市星野村は，2012年7月の九州北部豪雨で大きな被害を受けた。星野村は，人口流出に加え，高齢化率の高い典型的な「過疎・高齢化地域」であるが，加えて今回の水害の影響で人口流出が加速しつつある。このような現状を踏まえ，災害からの復興をはたしていくには，地域が主体となって交流人口の確保を目指す着地型観光が適しているのではないかと思われる。

また，今回の災害を契機に，住民による地域資源の見直しが行われれば，着地型観光の定着と発展につながり，さらには，それが観光による災害復興へとつながる循環の構築が期待される。実際，新潟県中越地震の被災地となった小千谷では，被災自体は不幸なことであったが，その後の復興の過程で地域資源について住民自体が深く考えることになったという（深見・井出編著，2010）。つまり，普段の日常生活においては当然と考えていた身近なものが，実は自己や地域のアイデンティティと密接につながっていることが災害を契機に意識されるようになるのである（井出，2012）。

『観光立国推進基本計画』（2012年3月閣議決定）においても，東日本大震災を踏まえて観光立国推進基本法の目的である「国民経済の発展」，「国際相互理解の増進」，「国民生活の安定向上」に加え，「震災からの復興」が柱として掲げられた[1]。東日本大震災と本章で扱う九州北部豪雨では災害の種類や規模に違いはあるが，災害復興を進めるという点においては，観光のはたす役割に注目することで地域の復興に寄与するものと位置づけられる。

そこで本章では，福岡県八女市星野村の災害復興と着地型観光を事例に，地域住民を対象にアンケート調査を実施し，意識の把握をとおして着地型観光の本格的な導入の可能性について検討していきたい。

1.3　研究方法

はじめに，研究対象地域である星野村の概要および九州北部豪雨災害の被害を概観する。次にアンケート調査によって，星野村の住民が村の活性化についてどのような意識をもっているのか，災害前後の変化に注目しながら把握して

いく。本アンケート調査（調査用紙およびその回答方法については資料11-1を参照）は，2012年11月に，八女市立星野小学校の5，6年生，八女市立星野中学校の1～3年生117名とその保護者84名の計201名を対象に実施した。地域活性化というテーマの場合，どの年齢層を対象とするかでおのずと得られる結果も異なってくる。ここでは，星野村の未来を長きにわたって担っていく，比較的若年層および中年層にあたる人びとをおもな対象者に設定した[2]。

以上の結果から，今後の星野村における災害復興にはたす観光の役割，とりわけ着地型観光の可能性について考察を加えていく。

2. 研究対象地域（星野村）の概要

福岡県八女市星野村は，2010年2月に八女地域1市2町2村の合併によって誕生した八女市の旧星野村の地域にあたる（図11-2）。福岡県の南東部，大分県との県境に位置した緑豊かな山村で，総面積の84％を山林が占めている。

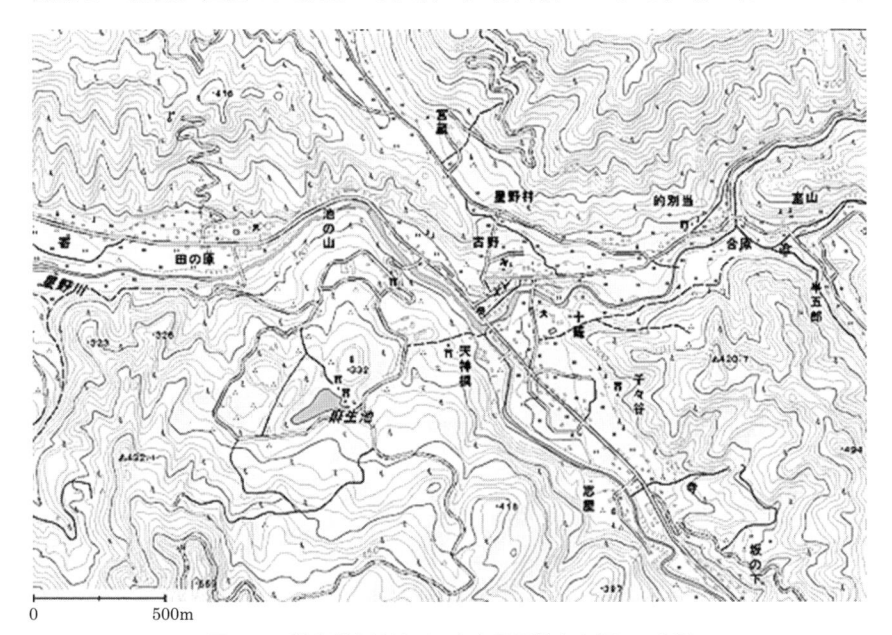

図11-2　調査対象地域（八女市星野村中心部）の位置
この背景地図等データは，国土地理院の電子国土Webシステムから配信されたものである。

写真 11-1　星野村の中心部のようす
星野川に沿って集落があり，その周辺に石積みの棚田や茶畑が広がる．
2014 年 6 月 27 日に高木香織氏撮影．

　基幹産業は農林業で，農業の主要作物は茶と花卉，林業の主要樹木はスギとヒノキである。気候が温暖で雨が多く朝夕の寒暖差が比較的大きいため，茶の栽培に適した条件となっている。また，村の大部分は急峻な地形であり，村内を東から西へと流れる星野川に沿って走る幹線道路沿いに集落や耕作地が点在している。山間部には村の代表的な景観である石積みの棚田が広がっている（写真 11-1）。

　また，標高が高く人口密度が低いため，星野村の名の通り星空がきれいな村としても知られている。そのため，自治体などは「星のふるさと星野村」を標榜してきた。1995 年に「美しい日本のむら景観コンテスト」農林水産大臣賞受賞，2009 年には，「日本で最も美しい村」連合へ加盟し，地域が自立した着地型観光を指向する要素がみられる。

3. 九州北部豪雨による星野村の被害

　星野村では，2012 年 7 月の九州北部豪雨により大きな被害が生じた。

　九州北部豪雨とは，2012 年 7 月 11 日から 14 日にかけて，本州付近に停滞した梅雨前線に向かって南から非常に湿った空気が流れ込み，九州北部を中心に降った記録的な大雨のことである。気象庁は，2012 年 7 月 15 日に「平成 24

年（2012年）7月九州北部豪雨」と命名した。

　この大雨により，河川の氾濫や土石流が発生し，熊本県，大分県，福岡県で死者21名，行方不明者8名を数え，九州北部を中心に住家損壊，土砂災害，浸水害，停電被害，交通障害などが発生した。とくにインフラへの影響は，道路や家屋，電気，水道，通信機器など日常生活の至るところに及んだ。幹線道路は寸断されて住民は一時孤立状態となり，自衛隊のヘリで救助されるなどした。迂回路となった山道では，市街地へ買い出しに向かう住民や救援物資を運ぶトラック，ボランティアの方々の行き来によって交通量が集中した。その結果，豪雨によって地盤が緩んでいた路肩に亀裂が入ったりするなど，二次災害も引き起こされた。

　農産物にも甚大な被害が生じた。星野村の特産品である星野茶は，茶園への土砂流入（写真11-2）や法面崩落，農道の土砂被害により管理ができなくなるなどの被害がみられた。また，田畑への被害も大きく，泥流に埋没した田んぼは土壌の入れ替えを施し，もとの稲作ができるのに3年以上を要するとされた。

　今回の災害は，道路や建物といったインフラにとどまらず，村の基幹産業の一つである観光にも影響を及ぼした。災害の深刻さと自粛の意も踏まえて，さまざまなイベントが中止・延期されたのである。災害が起きた夏季は，祭りなどの交流人口を生む機会も多く，観光客の来訪を期待していた地域住民や自治体にとって大きな損失となった。

写真11-2　土砂が茶畑に流れ込んだようす
2012年7月31日に高木香織氏が撮影．

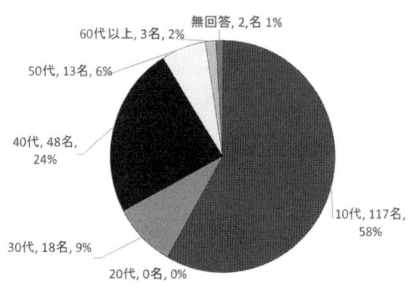

図 11-3　アンケート回答者の年齢別割合 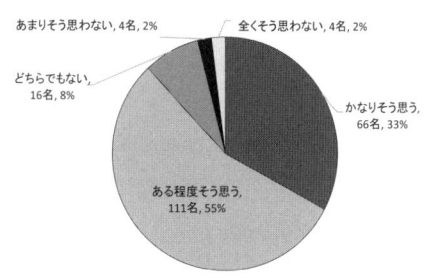　　　図 11-4　あなたは星野村が好きか

資料 11-1 にある質問紙の質問 1 の回答を集計.

4. 調査結果——星野村住民へのアンケート

対象者の年代別の割合は図 11-3 の通りである。子どもを含めた若年層と中年層が回答者の多数を占めた。

4.1　星野村に対する住民の意識

章末の資料 11-1 の質問 1「あなたは星野村が好きですか？」に対する回答である。これに対して，「ある程度そう思う」（111 名，55%）が最も多く，「かなりそう思う」（66 名，33%），「どちらでもない」（16 名，8%）が続いている（図 11-4）。

資料 11-1 の問 2 でその理由をたずねたところ，肯定的なものとしては，「自然が豊かで，地域の人とのつながりが深いから」（52 歳，女性，会社員），「自分の生まれ育ったところだから愛着がある」（38，男，自営業）などが挙げられていた。

否定的なものとしては，「将来就職先に困るから，あまり買い物をするところがないから」（11，男，小学生），「田舎で何もないところだから」（15，女，中学生），「八女市と合併して悪くなったから」（52，男，パート）など，雇用や過疎化を理由とした内容が挙げられていた。

4.2　星野村の抱える課題

図 11-5 は，資料 11-1 の質問 16「星野村の課題は何であると思いますか」に

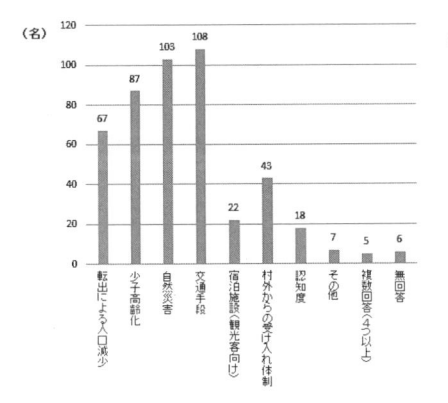

図 11-5　星野村の抱える課題
資料 11-1 にある質問紙の質問 16 の回答を集計.

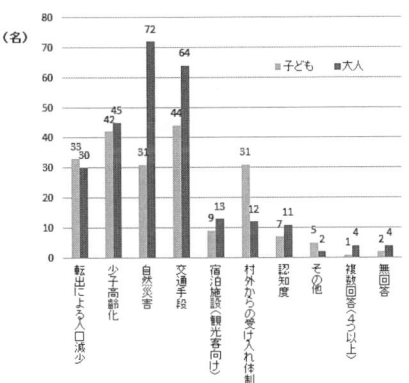

図 11-6　星野村の抱える課題（世代別）
資料 11-1 にある質問紙の質問 16 の回答を集計.

対する回答（最大 3 つまで選択可）である。「交通手段」（108 名，54%）が最も多く，「自然災害」（103 名，52%），「少子高齢化」（87 名，43%）が続いている。

　この回答を子ども（小・中学生）と大人という二つの世代別で比較したところ，子どもに関しては「交通手段」（44 名，38%），「少子高齢化」（42 名，36%）が多くを占め，「転出による人口減少」，（33 名，28%），「自然災害」（31 名，26%），「村外からの受け入れ体制（定住者向け住宅など）」（31 名，26%）がほぼ同数で続いた。大人に関しては，「自然災害」（72 名，86%）と「交通手段」（64 名，76%）を選択していることがわかった（図 11-6）。

4.3　観光地としての星野村について

　図 11-7 は，資料 11-1 の質問 8「あなたは今の星野村はよい観光地であると思いますか?」に対する回答である。これに対して，「かなりそう思う」（34 名，17%）と「ある程度そう思う」（92 名，45%）が合わせて 62% を占め，「あまりそう思わない」（38 名，19%）と「まったくそう思わない」（9 名，4%）を合わせた 23% を上回った。

　資料 11-1 の質問 9 でその理由をたずねたところ，肯定的なものとしては，「四

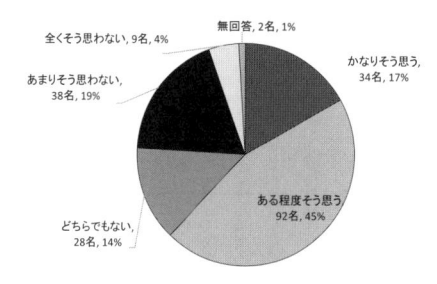

図 11-7 今の星野村はよい観光地と思うか
資料 11-1 にある質問紙の質問 8 の回答を集計.

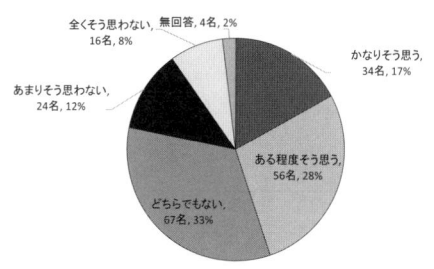

図 11-8 九州北部豪雨災害前後での意識の変化
資料 11-1 にある質問紙の質問 4 の回答を集計.

季折々の風景があり，都会に住む方への癒しの場に最適だと思う」（38，女，会社員），「ただ見るだけ，ただものを食べたり買ったりするだけの場所ではなく，そこにいる人とのかかわりを求めてお客さんが集まってきてくれているから（リピーター）」（39，女，公務員），「自然の豊かさや自然の恐ろしさを実際に見ることができるから」（13，女，中学生）などが多く挙げられていた。

　否定的なものとしては，「1 日は楽しく過ごしていただけるのだが，次の日は行くところがないようで，星野村は 1 日（1 泊）したら何もすることがないようだから」（45，女，自営業），「自然は美しいが，その他の魅力が何かあればと思う」（44，女，パート），「本当に何もない。災害が起きていてもいなくても同じ」（15，女，中学生）などが挙げられた。また，九州北部豪雨による被害を受け，「今回の豪雨で道が壊れているし，そんなところを見ても楽しめないから」（12，男，小学生），「九州北部豪雨後，景色が変わり，また来たいとは思わないから」（32，女，パート）などといった，今回の災害によるダメージを挙げる記述も散見された。

4.4　九州北部豪雨災害による影響
(1)　災害前後での意識の変化
　図 11-8 は資料 11-1 の質問 4「九州北部豪雨の前後で，星野村について意識

の変化はありましたか？」に対する回答である．さらに，「かなりそう思う」，「ある程度そう思う」と回答した90名（45%）に，質問5として具体的にどのような意識の変化があったか回答してもらった．

プラスの変化としては，「災害は他人事ではない，どこで起きてもおかしくないという危機意識をもち，防災意識が高まった」（51, 女, パート），「節水をするようになった」（14, 女, 中学生），「自然に興味をもった」（14, 男, 中学生），「テレビなどのメディアの災害報道により，今まで星野村のことを知らなかった人たちに知ってもらえたのではとポジティブに思うようになった」（40, 女, 公務員）などが挙げられた．

マイナスの変化としては，「また雨が降ったら土砂崩れが起きるのではないかと心配するようになった」（12, 女, 小学生），「次にまたこのような災害が起きたら，星野村から転出することを考えている」（40, 女, 農林水産業），「災害を機に，八女市との合併の影響で対応が少なくなったことを実感した．主要道路の寸断により交通が不便になり，これから先の星野村に不安を強く感じるようになった」（52, 男, パート）などが挙げられた．

(2) 観光に及ぼした影響

図11-9は，資料11-1の質問3「九州北部豪雨による被害のうち，観光に影響を及ぼすと思われるもの選んでください」という問に対する回答である（最大3つまで選択可）．「交通機関への影響」（171名, 85%）が最も多く，これに続いて「地盤の変化」（88名, 44%），「観光資源の崩壊」（81名, 40%）が多くなっている．

4.5 これからの星野村の観光について
(1) 観光の重要性の意識

図11-10は，資料11-1の質問6「あなたはこれからの星野村の地域活性化において『観光』は重要な役割をもつと感じますか？」に対する回答である．「かなりそう思う」（73名, 36%），「ある程度そう思う」（87名, 43%）という回答が約8割を占めた．

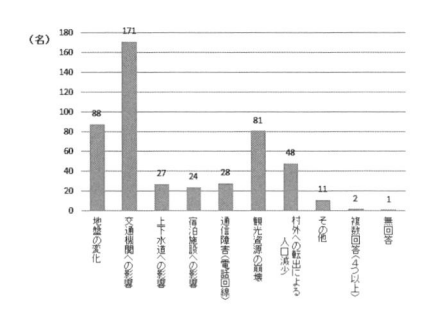

図 11-9　観光に影響を及ぼすと思われる被害
資料 11-1 にある質問紙の質問 3 の回答を集計.

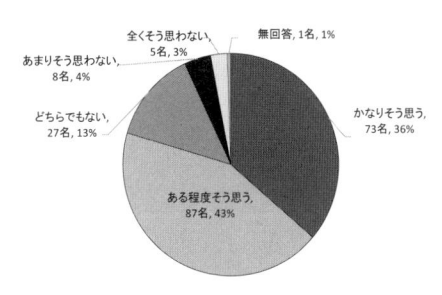

図 11-10　観光の重要性の意識
資料 11-1 にある質問紙の
質問 6 の回答を集計.

　さらに，そのように回答した理由を質問 7 として具体的にどのような意識の変化があったかをたずねた．肯定的な理由としては，「少子高齢化，人口の転出が進む星野村では重要だと思う．星野村のよさをアピールし，多くの人に来てもらってリピーターとなってもらい，星野村のファンを増やしていくことは，今後も村が生き残っていくために必要だと思う」（45，女，嘱託職員），「災害後でも観光に来てくれる方々もいるので，観光はこれからも重要な役割を果たしていくと思う」（12，女，小学生），「観光は，"こんなに復興しているよ" ということを表現できる場であるから」（15，男，中学生），「今回の災害で星野を離れた方もいるし，子どもたちも村に残るのはわずか．観光で村を活性化することで星野のよいところを知ってもらったら，移住したいという人も出てくるかもしれないから」（49，女，会社員）などが挙げられた．

　否定的な理由としては，「今は観光できる状態ではないため，観光はしないでほしい」（11，女，小学生），「高齢化が進み，観光資源であるお茶や棚田の後継者がいなくなってきているから」（40，女，農林水産業），「観光での収入はあまり期待できないから」（47，男，自営業），「観光で村民全体の生活が潤うのか疑問」（52，男，パート）などが挙げられた．

(2) 星野村の観光資源の意識

　図 11-11 は，資料 11-1 の質問 10「あなたが思う星野村の"観光地・観光スポッ

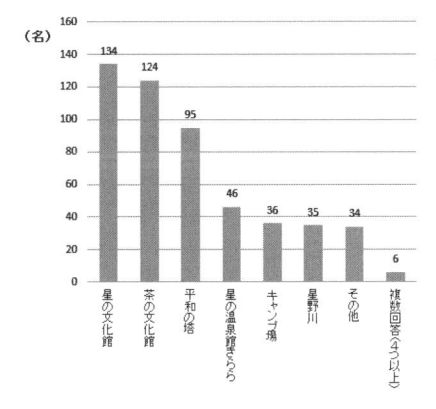

図 11-11 星野村の"観光地・観光スポット"
資料 11-1 にある質問紙の
質問 10 の回答を集計.

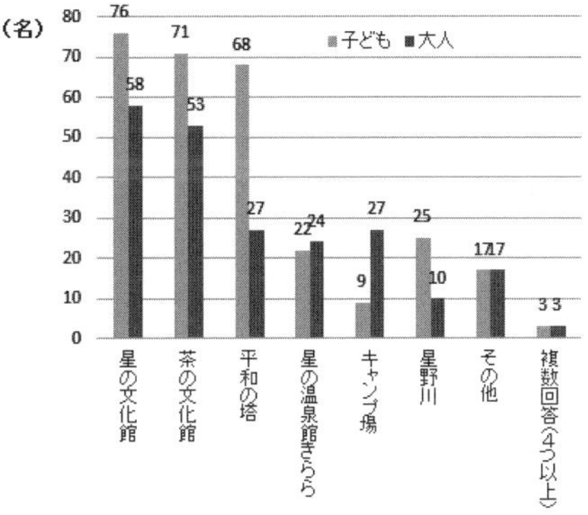

図 11-12 星野村の"観光地・観光スポット"
(世代別)
資料 11-1 にある質問紙の
質問 10 の回答を集計.

ト"といえば,どこですか?」に対する回答である(最大 3 つまで選択可)。「星の文化館」(134 名, 67%)が最も多く,「茶の文化館」(124 名, 62%),「平和の塔」(95 名, 47%)が上位に挙げられた。

この回答を世代別に比較したところ,子どもに関しては,「星の文化館」(76 名, 65%)が最も多く,「茶の文化館」(71 名, 61%),「平和の塔」(68 名, 58%)がこれに続いている。大人に関しては,「星の文化館」(58 名, 69%)が最も多く,「茶の文化館」(53 名, 63%),平和の塔(27 名, 32%),「キャンプ場」(27 名, 32%)がこれに続いている(図 11-12)。

(3) 今後アピールすべき点

図 11-13 は,資料 11-1 の質問 11「星野村の『観光』において,何をもっとアピールすべきだと思いますか?」に対する回答である(最大 3 つまで選択可)。「自然」(165 名, 82%)が最も多く,「伝統文化」(120 名, 60%),「食」(70 名, 35%)が多かった。

この回答を世代別に比較したところ,子どもに関しては「自然」(94 名,

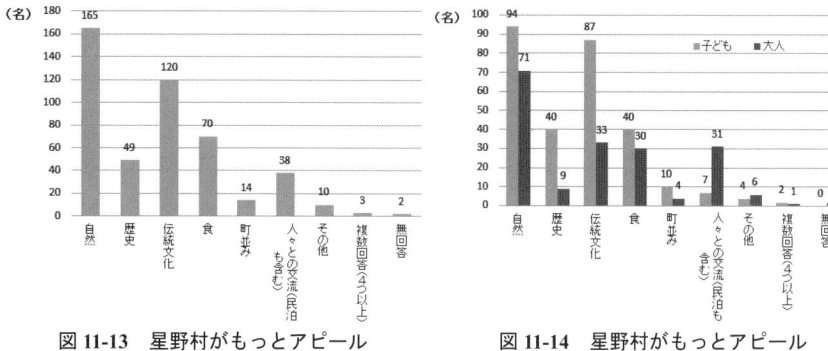

図 11-13 星野村がもっとアピール
すべきもの
資料 11-1 にある質問紙の
質問 11 の回答を集計．

図 11-14 星野村がもっとアピール
すべきもの（世代別）
資料 11-1 にある質問紙の
質問 11 の回答を集計．

80%）が最も多く，「伝統文化」（87 名，74%）がこれに続く。大人に関しては，「自然」（71 名，85%）が一番多く，「伝統文化」（33 名，40%），「人びととの交流（民泊も含む）」（31 名，37%），「食」（30 名，36%）がほぼ同数となっている（図 11-14）。

(4) 観光誘致すべき対象

図 11-15 は，資料 11-1 の質問 12「今後星野村が観光客の誘致に力を入れるべき対象は誰だと思いますか？」に対する回答である（最大 3 つまで選択可）。

これに対し，「日本人女性（20 代後半〜30 代）」と「外国人観光客」（ともに 84 名，各 42%）が最も多く，「日本人男性（20 代後半〜30 代）」（72 名，36%），「日本人女性（40〜60 歳）」（62 名，31%）が続いた。

(5) 星野村に適した観光形態

図 11-16 は，資料 11-1 の質問 13「あなたが星野村に最も合うと思う「観光」形態を一つ選んでください」に対する回答である。「4〜5 人程度の小規模ツアー観光」（84 名，42%）が最も多く，「個人旅行」（45 名，22%），「大型バスを貸し切ってのパックツアー観光」（22 名，11%）が続いた。

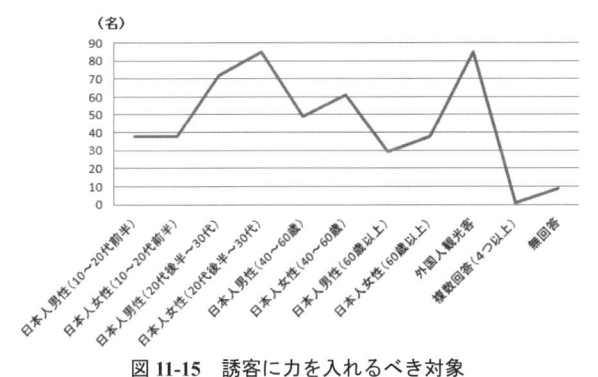

図 11-15　誘客に力を入れるべき対象
資料 11-1 にある質問紙の質問 12 の回答を集計.

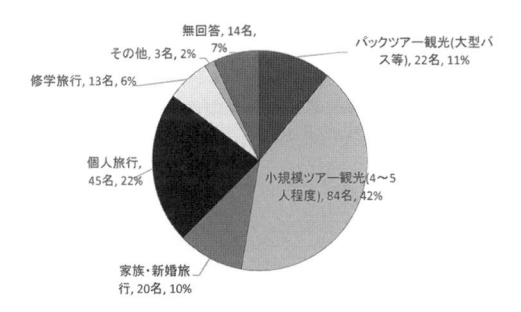

図 11-16　星野村に適した観光形態
資料 11-1 にある質問紙の質問 13 の回答を集計.

(6) 着地型観光に対する意識

　アンケート調査用紙に,「旅行の発地側で得られる目的地情報や発地側の観点（旅行商品の作成・販売にかかわる規模の経済性，商品情報の市場への伝わりやすさ等々）を重視して企画・立案・実施されるのを『発地型観光』と呼ぶのに対して, 旅行・観光の目的地である各地域（＝着地）側が有する個別の観光資源（自然，歴史，産業，まち並み，文化等々）にかかわる情報及び着地側での人びとの観点（例：各地域での体験・学習などの活動）を重視して企画・立案・実施されるのを『着地型観光』といいます」[2]という説明文を付記し，その後段に「『着地型観光』の考え方に共感できますか？」という設問欄を設

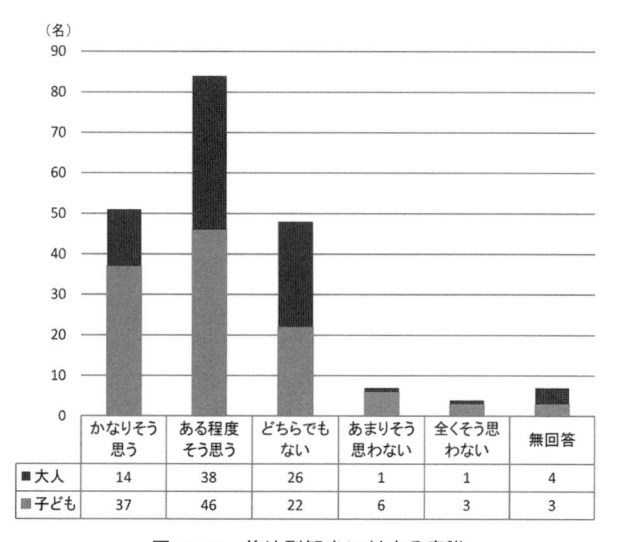

	かなりそう思う	ある程度そう思う	どちらでもない	あまりそう思わない	全くそう思わない	無回答
大人	14	38	26	1	1	4
子ども	37	46	22	6	3	3

図 11-17　着地型観光に対する意識
資料 11-1 にある質問紙の質問 14 への回答を集計．

けた（資料 11-1 の質問 14）。その回答結果が図 11-17 である。

　これに対して，「かなりそう思う」（51 名，25%）と「ある程度そう思う」（84 名，42%）を合わせて 7 割近くに達した。一方で，「あまりそう思わない」（7 名，3%），「まったくそう思わない」（4 名，2%）と少数ながら否定的意見をもつ回答もあった。

　質問 15 でそのように回答した理由をたずねたところ，肯定的な理由としては，「どこに観光に行けばいいかわからない人がいると思うから」（14，男，中学生），「一般の民衆が旅行者を受け入れ，体験型の農業をしたり，田舎の話を楽しんだりといったことは必要だと思う」（45，女，嘱託職員），「観光地でも受け身でなくいろんなことにチャレンジすべき」（40，女，公務員），「体験することを取り入れる必要があると思う。見学して泊まって帰るのではなく，星野村を感じてもらいたい」（52，男，会社員），「地域資源を活かした観光は，長く持続できる事業だと思うから」（48，男，公務員），「観光地としてつくり上げるのではなく，今のありのままの生活，自然を体験してもらうという点は

星野村に合っていると思う」(46, 女, 農林水産業),「ボランティアの育成に力を入れ, 案内人, 名人など人材の育成に取り組んでほしい。いまだに埋もれている観光資源もあるのではないか」(66, 女, 専業主婦) などが挙げられた。

否定的な理由としては,「あまりおもてなしするような観光がないから」(46, 男, 自営業) に代表されるように, そもそも観光地としての魅力に欠けるという認識にもとづく内容が挙げられた。

5. 考察——調査結果の背景にある星野村住民の意識
5.1 自地域を見つめなおす機会としての災害復興

前章のアンケート調査の結果から, 約9割の星野村の住民が, 星野村に愛着を抱いていることがわかる (図11-4)。しかし, 星野村はよい観光地であると考える住民はそれより減少し, 約6割にとどまった (図11-7)。よい観光地であると考える住民は, その理由として「自然の豊かさ」を挙げる回答がおもであった。また,「観光客の人がけっこう来るから」(11, 女, 小学生),「平日でも他県から来ている人を見るから」(14, 男, 中学生) というように, 訪れる観光客を目にして, 星野村がよい観光地であるということに気づいたと考えられる回答は, 子どもたちに多くみられた。

一方で, 約2割にあたる「よい観光地であるとは思わない」とする理由としては,「災害の爪痕が残る現在の状況では観光を楽しめないから」(12, 男, 小学生) といった内容が多く挙げられていた。その他に,「本当に何もない。災害が起きていても起きていなくても同じ」(15, 女, 中学生) というように, 災害発生の有無にかかわらず, 星野村に対してよいイメージをもたない人もいた。また,「住んでいるのでよくわからない」(15, 女, 中学生) といった意見もあり, いかに普段から身の回りにある観光資源に気づき発信していくかが重要となる着地型観光の課題が表れている。

これらの結果から, 星野村を魅力的と考える人は大多数だが, 災害による被害を受けたことによって, 観光地としては不利になったと考える人が多いことがわかる。一方で, 筆者が興味深いと感じた意見として,「自然の豊かさや自然の恐ろしさを実際に見ることができるからいい観光地だと思う」(13, 女,

中学生）と，災害の体験をプラスにとらえているものがあった。

災害復興の一つとして，被災体験を新たな観光資源と位置づけることがある[3]。つまり，被災の記憶そのものが，新たな観光資源となり得ることも過去の類似の事例から学ぶことができる。観光振興とは，そもそも，人がわざわざそこを訪れるだけのものを創出することである。各地域の文化，伝統や自然に根ざした魅力は大切にしつつも，既存の観光資源や過去の成功体験にとどまらず，復興にはたす観光の役割といった，新しい視点を付加して発信することも重要である。

「九州北部豪雨の前後で，意識の変化があった」と答えた住民は，マイナスの変化として，災害の再発への危惧や，村外への転出を考えるようになったこと，あるいは災害後の風評被害に対する懸念を理由に掲げていた。これまでの類例においても，被災後に風評被害に苦しんだ地域は多く，風評の発生を完全に封じることは難しい。そのため，風評被害を最小限にとどめるための取り組みが必要であり，正確な情報を迅速に収集し，的確に発信することが欠かせない。一方で，「村のためにできることをしたい」（14，女，中学生）など，防災意識の高まりや自然への興味が増した，自分たちで村を盛り上げていかなければという意欲がわいた，といったプラスの変化も見いだせる。先に述べたように，被災体験によって負の影響もあったが，同時に，災害復興へ向けたプラスの意識も芽生えることは大いに注目すべきであろう。

「九州北部豪雨による被害のうち，観光に影響を及ぼすと思われるもの」として，「交通機関への影響」を選択した割合は，全体の85％に上った（図11-9）。過疎地域での観光でとくに問題となるのが交通手段であるが，今回の災害によって唯一の幹線道路にも大きな被害が出たことは，条件不利地域に位置する星野村の観光にとって大きなダメージであったといえる。

****

これまでの意見にあるように，観光地としての星野村の今後に不安を抱く声が多く挙がっている。では，星野村におけるこれからの観光について，住民はどう考えているのか。「これからの星野村の地域活性化において『観光』は重要な役割をもつと思うか」という問に対して，肯定的な意見は約8割に上った

写真 11-3　復旧事業により護岸工事がなされた星野川
2014 年 6 月 27 日に高木香織氏撮影.

（図 11-10）。観光によって星野村を活性化することに対して，総論として住民の賛意が得られていると評価できる。観光資源を知ってほしいという意見とともに，災害に関するものとして，復興のためや被災状況を知ってほしいからという意見，また過疎化など水害を契機にさらなる問題の顕在化が懸念される点への対応策として期待するという意見が注目される。

「住民が思う星野村の観光地・観光スポット」を世代別で比較したところ，「平和の塔」や「星野川」（写真 11-3）は，大人に比べて子どもが選択した割合が高い（図 11-12）。その理由として，「平和の塔」は学校において平和学習の一環で学ぶ機会があること，また「星野川」は，夏に子どもたちの遊び場になるといった，子どもたちが身近に体験したことのある場所である点が考えられる。

さらに，「もっとアピールすべきもの」を世代別に比較すると，「歴史や伝統文化」は，大人に比べて子どもの選択した割合が高かった（図 11-14）。その理由としては，前述の観光地・観光スポットと同様，子どもたち自身が学校で学んだり，クラブ活動の場面で経験したりした対象である点が考えられる。また，「人びととの交流（民泊も含む）」は，子どもに比べて大人の選択した割合が高かった。これは，実際に民宿を経営している方の意見も含まれている影響も排除できないが，村外に居住する知人から自地域での交流イベントのことを聞き，逆に興味をもったからという理由も複数挙げられていた。

以上 2 点の回答からは，子どもたちにとって観光資源の発見や気づきは，おもに学校教育の場でなされているということが示唆される。つまり，着地型観光にとっても重要な要素である，地域住民が主体となった観光資源の発掘には，子ども時代の経験がその後の自地域を見つめる目にも影響を与えるといえる。また，大人にとっては，星野村の外部とのかかわりから逆に村内の情報を得たり，実際にイベントに参加したりといった経験から，自地域に改めて注目する取り組みがなされる循環の存在を指摘できる。

　ところで，学校教育において，しばしば少子高齢化問題や過疎化問題が取り上げられる。その対応策として，観光で地域活性化を図ろうという意見に集約される場面が多いようだが[4]，実際のところ，子どもたちが地域で具体的解決策を考える機会は実際にはほとんどないように思われる。子どもたちにとって，学校は地域の観光資源を学ぶ場となっていると述べたが，観光名所や伝統文化に関する一時的，画一的な情報を得るだけでは不充分である。地域で新たに始まった取り組みやその実態についても触れていくことで，住民ならではの観光に関するアイデアが生まれることが期待される。「観光地側も，受け身ではなくいろんなことにチャレンジすべき」(40, 女, 公務員) とあるように，ただ観光客を受け入れるだけではなく，自分たちのもっている地域資源で，訪れる観光客をもてなすという姿勢が，観光地としての地域活性化だけでなく，真の意味での持続可能な地域づくりの起点となり，過疎化問題などの解決策にもつながる点を子どもたちにも伝えることが大切である。

　「星野村に最も合うと思う観光形態」については，「4～5 人程度の小規模ツアー観光」と「個人旅行」の割合が高くなった (図 11-16)。その理由としては，星野村の道幅が狭く，大型バスの走行が適さないことや団体客を一度に収容する宿泊施設がないことも一因に挙げられよう。実際に，今までの観光形態にしても，大型バス観光などの団体はあまりみられなかった。この点については，今後星野村のどのような観光資源をどのように発信していくかが明確になるにつれて，それに適した形態についての意見が集約されていくべきである。

5.2 過疎・高齢化地域と着地型観光

　星野村は，過疎・高齢化地域という課題を抱えているが，逆転の発想に立てば，高齢者には，地域についての知識が豊富な人材が多いともいえる。都市部の観光客が求める，農村ならではの生活や伝統文化に関することはもちろん，災害復興の過程にはたす観光の役割としての，災害以前の豊かな自然やこれまでの自然災害についての語り部のような立場になり得る点は注目すべきである。実際に，「着地型観光の考え方に共感できるか」という問に対して，約7割が肯定的であった（図11-17）。一部の否定的な理由についても，「災害で大きな被害を受けて，おもてなしできる状態ではないから」（12, 男, 中学生）という声に代表されるように，災害の体験を語りの資源としてとらえた災害復興を提案していけば，着地型観光への理解を広げていけるのではないかと考えられる[5]。

　また，着地型観光を定着させていくには，地域をよく知る人材の育成が肝要である。アンケート調査の結果にも，「ボランティアガイドの育成に力を入れ，案内人，名人など人材の育成に取り組んでほしい。いまだに埋もれている観光資源もあるのではないか」（66, 女, 専業主婦）といった，観光ボランティアガイドの育成に期待する積極的な意見もみられた。地域の案内人は来訪者と接する，いわば観光・交流の現場の最前線に立っている。来訪者の声や思いを鋭く感知するアンテナであるとともに，逆に来訪者に地域の思いを伝えるメッセンジャーでもある（尾家・金井編著，2008）。

　高齢者が，星野村を訪れる観光客に対して，高齢者ならではの観光プランを提案したり，情報を提供したりすることで，観光客が目的意識をもって観光でき，星野村を楽しめるのはもちろん，高齢者自身がやりがいをもつ活動となり，村の活性化につながっていく。また，同様に星野村の将来を担う子どもたちに向けて，高齢者による体験型観光に関する地域学習の機会を設けることによって，子どもたちが当たり前に存在すると感じている地域資源がいかに価値をもっているのかということを知るとともに，高齢者のもつ貴重な知識を後世に継承していくことができる。

　このように，災害からの復興を目指す星野村にとって「着地型観光」は有効な手法の一つである。この可能性を探る際に，アンケート調査の結果から「体

験の存在」の重要性が見いだせる。星野村には，もともと着地型観光に充分な観光資源が存在していたが，実際の観光にうまく活かされていなかった面もあるだろう。それが今回の災害を契機に，星野村の将来や観光に対する住民の意識に変化がみられるなど，着地型観光の定着が図られる時機にあると考えられる。そのことは，観光をとおした災害からの復興へとつながっていくといえる。

では，今後星野村はどのようにして着地型観光に取り組んでいけばよいだろうか。

着地型観光には，災害復興への寄与という側面のほかにも，高齢化社会における新しい問題解決のあり方を提示する可能性について住民が知ることにより，着地型観光が重要視され，取り組みの定着が図られていくものと思われる。

ここで重要なのは，着地型観光の可能性を住民が身をもって経験し，理解することである。そのためには，まず，住民が星野村の魅力に気づき，自分たちで地域資源を守っていきたくなるような，自地域への愛着を，実体験をもって感じていくことから始めるべきであろう。「実はすばらしい自然や文化があるのにあまり知られていない。星野村の子どもたちが知らないのが残念」(43，女，農林水産業）とあるように，現実には，さまざまな地域の資源が次世代へ継承されていくことは容易ではない。伝統的な民俗行事など，古くから存続していることが今後ますます当たり前ではなくなるという危機感をもち，ただの年間行事としてだけではなく，重要な観光資源として認識することが継承の第一歩につながる。この意識や発想の転換が，着地型観光の難しい点でもある。

そこで，前述の「高齢者による体験型観光の地域学習の場」を設ける意義は大きいと考えられる。そして，地域の自然や文化を，「観光資源化」という視点をもってとらえることができるようになれば，地域の魅力を再認識していく循環が生まれることにつながる。「不便であることを逆に利用して，それを体験してもらうのはいいと思う」(42，女，パート）という意見は，今まで欠点ととらえられていたことが，「資源化」という視点をもつことによって観光資源となり得ることを示している。

6. 見直されるべき着地型観光としてのエコツーリズム

　本章は，九州北部豪雨による災害が発生した星野村を対象に，復興の手法の一つとして，着地型観光の可能性について星野村の住民に対するアンケート調査結果に検討を加えることを目的として進めてきた。その結果，星野村の住民が星野村を知ること，それが結果として災害からの復興につながり，ひいては地域が主役となる着地型観光の展開へとつながっていくことが示唆された。すなわち，自地域について知ることが住民誰もがすぐに始められる着地型観光の展開に向けた第一歩となるのである。

　星野村では，2009年より農林水産省による「2009年度地方の元気再生事業『ディスカバー星野・星のツーリズムプロジェクト』」が進められてきた。地域資源の再発掘ならびに新たな資源の活用を見いだすことで，地元の技術・産業・文化を大切な財産として活かし，住民自ら個々の経営者としての意識を高める取り組みが重ねられつつあった。しかし，今回の豪雨により被災した住民のなかには，観光など二の次だという意識もあったと思われる。実際，「災害の被害にあっていない観光客に来られるのは嫌だ」（11，女，小学生），「災害があったことで，経済状況や将来への不安も多く，観光に力を入れる余裕がない」（46，女，農林水産業）という声も上がっていた。

　そのようななか，アンケート調査を実施した2012年11月，星野村では豪雨後初めての村の祭りとなった「子どもと大人の小さな村の学芸会」が開催された。各地区の祭りや運動会の中止が続き，落胆していた村民有志が企画・実施し，八女市立星野小学校の体育館に約400人が集まった。このように，被災者である住民自らが地域を元気づけようと行動する姿は，今後の星野村の災害復興ならびに観光復興を期待させるものである。

　住民のなかには，「災害時，八女市と合併したことによる対応の遅さを実感した」（52，男，パート），「八女市の知名度は高いが，星野村の知名度は低い」（15，男，中学生）といった，八女市に合併したことが不利に働くという声もあった。確かに，合併後「八女市」としてひとくくりに扱われることによって，星野村独自の取り組みやアピールは難しくなったかもしれない。しかし，「八女

市のほかの地域にはない星野村ならではのアピールが必要だと思う」（50，男，農林水産業）とあるように，八女市の知名度が高いことを利用し，星野村にしかない観光資源を積極的にアピールすることで，星野村が八女市のなかに埋没することは避けられるだろう。

　本章でテーマとした「着地型観光」こそが，エコツーリズムなど地域が主役の観光形態として今一度見直すべきであり，平常時以外の災害復興の場面でもその役割を発揮していくことが期待される。

付記
　本章を執筆するにあたり，八女市立星野小学校および八女市立星野中学校の教職員および児童生徒の皆様ならびにその保護者の皆様には，アンケート調査でご協力いただいた。ここに深く感謝の意を表する次第である。なお，本調査は筆者と高木香織氏（株式会社旅工房）が共同で実施した。
　本章の内容は，国立大学協会九州地区支部『九州地区国立大学教育系・文系研究論文集』1(1) に掲載した論文を大幅に加筆修正したものである。

注
1) 観光庁『平成23年度観光白書』による。
2) 国土交通省総合政策局（2005）に示された内容をもとにアンケート調査用紙に記載した。なお，小・中学生に対しては，文意に変更を加えないように表現を平易に改めた説明文を別に設けて対応した。
3) 例を挙げると，島原市の雲仙岳災害記念館は，ドーム型スクリーンで火砕流・土石流を擬似体験できる「平成大噴火シアター」をはじめ，火山や防災について11のゾーンに分けて展示しており，日本で唯一の火山体験ミュージアムとして知られる。また，阪神淡路大震災を機に開設された神戸市の「人と防災未来センター」では，語り部である被災者から体験談を聞き，震災の追体験をすることができる。このような観光の取り組みは，自然災害に限らず，広島の原爆ドームなど本来その地域にとって負の記憶や建築といった有形無形の遺産であるものや場所を観光資源としている例は多い（深見・井出編著，2010）。
4) 学校において，地域と観光を結びつける取り組みを総称して観光教育と呼ぶ。そのなかで，過疎地域の活性化策としてあたかもマジックワードのように「観光への取り組み」が解として示されることが多い。しかし，その具体的な内容にまで踏み込んだ事例はあまり知られていない実情がある（宍戸，2008；Ogisu,R.,et al., 2011）。
5) これに関して，井出（2012）は東日本大震災後の観光による復興の手法として「ダークツーリズム」を提唱している。災害復興と観光を考える際に重要な言及がなされていることから，以下にその一部を引用しておく。

「福島の今後の観光復興を考える際に，重要な観光形態がある。それは"ダークツーリズム（Dark tourism）"と呼ばれる観光形態であり，欧米の観光学ではすでに研究対象として取り上げられているが，日本でのなじみはまだ薄いものであるかもしれない。この観光形態は，観光を"楽しいもの""愉快なもの"と考えるのではなく，学びの手段としてとらえるものであり，"死"や"災害"といった人間にとってつらい体験をあえて観光対象とする新しい観光のカテゴリーである」．

文献

井出 明（2012）：東日本大震災後における東北地域の復興と観光について－イノベーションとダークツーリズムを手がかりに－．運輸と経済，72（1），pp.24-33.

尾家健生・金井萬造編著（2008）：『これでわかる！着地型観光－地域が主役のツーリズム－』．学芸出版社．

国土交通省総合政策局（2005）：『沖縄観光における外国人向け着地型旅行の充実化および販売促進のための調査』．

宍戸 学（2008）：高等学校における観光教育カリキュラムの比較分析．観光ホスピタリティ教育，3，pp.16-33.

深見 聡・井出 明編著（2010）：『観光とまちづくり－地域を活かす新しい視点－』．古今書院．

Ogisu,R.,Yoshihara,D.,Oshima,T.（2011）：The Possibility of Tourism Education in Elementary School : The Next Generation's Education in Kyoto City.*Proceedings of JITR annual conference*, 26，pp.389-392.

資料 11-1　本章で使用した質問紙

※各項目の当てはまるものを選択してください※

● あなたの年齢　満（　　）歳
● あなたの性別　（男・女）
● あなたの職業　a.会社員　b.公務員　c.自営業　d.農林水産業　e.パート
　　　　　　　　f.専業主婦・主夫　g.学生　h.無職　i.その他（　　　　　）
● あなたの出身地　a.星野村　b.福岡県内　c.九州内（福岡県外）
　　　　　　　　　d.その他（　　　　　）

質問(1) あなたは星野村がお好きですか？
　a. かなりそう思う　b. ある程度そう思う　c. どちらでもない
　d. あまりそう思わない　e. 全くそう思わない

質問(2) そう答えた理由は何ですか？

質問(3) 今年7月の九州北部豪雨による被害のうち、観光に影響を及ぼすと思われるものを選んでください。（最大3つまで選んでください）
　a. 地盤の変化　b. 交通機関への影響　c. 上下水道への被害
　d. 宿泊施設への被害　e. 通信障害（電話回線）　f. 観光資源の崩壊
　g. 村外への転出による人口減少　h. その他（　　　　　）

質問(4) 今年7月の九州北部豪雨の前後で、星野村について意識の変化はありましたか？　1つ選んでください。
　a. かなりそう思う　b. ある程度そう思う　c. どちらでもない
　d. あまりそう思わない　e. 全くそう思わない

質問(5) 質問(4)でa.、bを選択した方のみお答えください。
具体的に、どのような意識の変化がありましたか？

質問(6) あなたはこれからの星野村の地域活性化において「観光」は重要な役割をもつと感じていますか？1つ選んでください。
　a. かなりそう思う　b. ある程度そう思う　c. どちらでもない
　d. あまりそう思わない　e. 全くそう思わない

質問(7) そう答えた理由は何ですか？

質問(8) あなたは今の星野村はよい観光地であると思いますか？1つ選んでください。
　a. かなりそう思う　b. ある程度そう思う　c. どちらでもない
　d. あまりそう思わない　e. 全くそう思わない

質問(9) 質問(8)でそう答えた理由は何ですか？

第 11 章 災害復興と着地型観光　191

＊着地型観光とは＊
旅行の発地側で得られる目的地情報や発地側の観点（旅行商品の造成・販売に係る規模の経済性、商品情報の市場への伝わりやすさ等々）を重視して企画・立案・実施されるのを「発地型旅行」と呼ぶのに対して、旅行・観光の目的地である各地域（＝着地）側が有する個別の観光資源（自然、歴史、産業、街並み、文化等々）に係る情報及び着地側での人々の観点（例：各地域での体験・学習等の活動）を重視して企画・立案・実施されるのを『着地型観光』といいます。

質問(10) あなたが思う星野村の "観光地・観光スポット" といえば、どこですか？（最大３つまで選んでください）
a. 星の文化館　b. 茶の文化館　c. 平和の塔　d. 星の温泉館さらら
e. キャンプ場　f. 星野川　g. その他（　　　）

質問(11) 星野村の「観光」において、何をもっとアピールすべきだと思いますか？（最大３つまで選んでください）
a. 自然　b. 歴史　c. 伝統文化　d. 食　e. 町並み
f. 人々との交流（民泊も含む）　g. その他（　　　）

質問(12) 今後星野村が観光客の誘致に力を入れるべき対象は誰だと思いますか？（最大３つまで選んでください）
a. 日本人男性（10〜20代前半）　b. 日本人女性（10〜20代前半）
c. 日本人男性（20代後半〜30代）　d. 日本人女性（20代後半〜30代）
e. 日本人男性（40〜60歳）　f. 日本人女性（40〜60歳）
g. 日本人男性（60歳以上）　h. 日本人女性（60歳以上）
i. 外国人観光客

質問(13) あなたが星野村に最も合うと思う「観光」形態を１つ選んでください。
a. 大型バス等を貸し切ってのパッケージツアー観光
b. 4〜5人程度の小規模ツアー観光
c. 家族、新婚旅行
d. 個人旅行
e. 修学旅行
f. その他（　　　）

質問(14) あなたは、この「着地型観光」の考え方に共感できますか？１つ選んでください。
a. かなりそう思う　b. ある程度そう思う　c. どちらでもない
d. あまりそう思わない　e. 全くそう思わない

質問(15) 質問(14)でそう答えた理由は何ですか？

質問(16) 星野村の課題は何であると思いますか？（最大３つまで選んでください）
a. 転出による人口減少　b. 少子高齢化　c. 自然災害
d. 宿泊施設（観光客向け）　e. 交通手段
f. 村外からの受け入れ体制（定住者向け住宅など）
g. 認知度　h. その他（　　　）

質問(17) その他、星野村の地域活性化、観光についてご意見、ご感想などありましたらご自由にお書きください。

以上で質問は終了です。ご協力いただき、誠にありがとうございました。ご記入漏れがないか、もう一度ご確認お願い致します。

あ と が き

　私が観光研究に本格的に取り組むようになり，ようやく 10 年が経過した。ここで，私とエコツーリズム，ジオツーリズムとの出合いを，振り返ってみたい。
　そもそも観光研究の分野で初めて掲載された論文は，坂田裕輔先生（近畿大学教授），柴崎茂光先生（国立歴史民俗博物館准教授）と連名で投稿した『島嶼研究』（日本島嶼学会誌）第 4 号（2003 年 12 月刊）であった。題目は「屋久島における滞在型エコツーリズム」である。当時，鹿児島大学に勤務されていた坂田先生をはじめ複数の先生方が，国際連合大学教授の鈴木基之先生が研究代表者を務めた，科学技術振興調整費・先導的研究等の推進「循環型社会システムの屋久島モデルの構築」（2001 年度～ 2003 年度）に参画されていた。その最終年度に博士後期課程に進学した私は，坂田先生に屋久島での調査補助をやってみないかと声をかけていただいた。その成果をまとめたのが上記論文であった。改めて読み返すと，私が執筆した箇所はいかに力量不足であったかを思い起こさせる。しかし，偶然にも坂田先生との出会いが，現在の観光研究の分野につながる発端であったと考えると，その恩義はもちろんのこと，どこでどのようにして研究上の御縁を授かるかわからないものである。
　2008 年 10 月，長崎大学環境科学部に着任した。同年 12 月，初めての海外出張で中華人民共和国に渡航した。井出 明先生（追手門学院大学准教授）から「5th China Tourism Forum」での共同発表に誘われ，安徽省黄山市に滞在した。国際会議での報告の重要性を強く認識させるための井出先生の配慮だったと推察しているが，私にとっては初の中国，初の英語による口頭発表であり，緊張の連続でセッション終了時刻を迎えたのを覚えている。その後，エクスカーションとして，黄山世界地質公園を訪ねた。理学部地学科卒業生としての血が騒いだが，当時の私はジオパークという言葉は何となく聞いたことがある程度であった。花崗岩の浸食が織りなす地形は，水墨画から抜け出たような美しさ

であったが，何より，各所に建つ案内板で，中国語で地質公園と表記されているものがジオパークであることを知り，自身がジオツーリストとなった貴重な体験となった。帰国する機内のなかで，「地学と観光学がつながる」ことに新しい研究の展望が開けた気がした。もし，井出先生が声をかけてくださらなかったら，いや，それよりも私がそのお誘いを断っていたら現在はジオツーリズムを研究の主対象としていなかったかもしれない。そう考えると，人と人との御縁は，単に交流の輪が広がることにとどまらず，自己の研究に対する何らかのイノベーションが喚起される無二の存在と言えるだろう。そのようなことを思いだしながら，本書の執筆を進めていった次第である。

　各章を構成する原稿は，すべて初出として論文誌に掲載されたものであり，「地域づくり叢書」としての趣旨に沿うように大幅に加筆修正を行った。また，アンケート調査は学生諸子とともに実施することで初めて成し得るものであった。この場を借りて，改めて謝意を表したい。

　最後に，私の成長を暖かく見守りつつ，2014年2月に他界した祖母・上水流ハスの墓前に，本書の刊行を報告したい。大正5年生まれの祖母は，私にとって生きる歴史そのものであった。前向きな気持ちで日々を重ねることの大切さを，背中で教えてくれた。これからもその思い受け継ぎ，日々の教育研究に励む所存である。

2014年9月

深　見　　聡

事項索引

BR（ユネスコが行う生物圏保存地域）　18, 19
CGN（中国ジオパークネットワーク）　74
EGU（欧州ジオパークネットワーク）　13
Eキャンレッジ協定　57
Geo as Eco　27, 51
GGN（世界ジオパークネットワーク）13, 15, 24, 71, 72, 85
IUCN（国際自然保護連合）　12, 13
JGC（日本ジオパーク委員会）　24, 71
JGN（日本ジオパークネットワーク）　21, 24
KJ法　83, 104, 143
MAB（人間と生物圏）計画　18, 19
NPOらしさ　4
NPO法人ネイチャリング・プロジェクト　2
NPO法人まちづくり地域フォーラム・かごしま探検の会　1
NPO法人屋久島うみがめ館　118
NPO法人環不知火プランニング　157
PDCAサイクル　67

あ行
愛林館　160
アスワンハイダム　16
安近短　132
生きた化石　78
一般社団法人小浜温泉エネルギー　5
内なる葛藤　63
ウミガメ　117
エコツアーガイド　106, 122
エコツーリズム推進法　119
エコパーク　18
エコミュージアム　28
欧州ジオパークネットワーク（EGU）　13
小浜温泉エネルギー活用推進協議会　5
小浜温泉ジオツアー　6
「オルレ」方式　146
オンサイトツーリズム　21

か行
開発途上地域　86
外来生物　119
学習指導要領　32
核心地域　19
各論反対　107, 127
可視化　8
学校教育　184
環境教育　54, 123, 156
環境教育旅行　155
環境首都　156
環境保全意識　94, 109
観光資源化　31
観光庁　167
観光立国推進基本法　131
観光立国推進基本計画　168
韓国人観光客　132, 146
環不知火プランニング　157
鬼界カルデラ博物室　42, 43
九州北部豪雨　168, 170, 182
行政主導　46
空間的完結性　51, 108, 146, 147
携帯トイレ　101

ゲート化　77
限界集落　58, 63
合意形成　30, 34, 50, 110, 147
公害　155
耕作放棄　61
交流人口　136, 144
コーディネーター　8
国際自然保護連合（IUCN）　12, 13
国導証　85
コミュニティ　46, 48, 58, 131

さ行
災害復興　182
再審査　17
産学官連携　163
産業観光　6
参与観察　59
ジオサイト　22, 26, 80
ジオストーリー　49, 75
ジオパーク計画　76
時間スケール　29
持続可能な開発　18, 19, 92
実績づくり　45
質の担保　88
し尿処理問題　100, 107
しま交流人口拡大特区　132
島原宣言　71, 89
ジャンベスクール　47
住民の参画　3, 4
受益者負担の原則　107
需給の均衡　36
主体性　35
主流の離島　134
俊寛歌舞伎　45
生涯学習　31
小規模島嶼　40
条件不利地域　39, 182
縄文杉　103, 106, 116

ジレンマ　126, 127
真正性　120
人的規模の制約　52
西部林道（屋久島）　103
世界遺産効果　105
世界遺産条約　12, 14, 16, 124
世界遺産制度　105
世界遺産登録　93
世界遺産ブーム　109
世界遺産を守る持続可能な観光計画　125
世界ジオパークアセスメント　13
世界ジオパークネットワーク（GGN）　13, 15, 24, 71, 72, 85
世界自然遺産　93, 96, 115
相関分析　48
総合的な学習の時間　33, 65
相互啓発　57
相互理解　110, 133, 146
総論賛成，各論反対　107

た行
第1回世界地質公園大会　73
大学地理教育　66
体験型フィールド学習　54, 55, 66
第5回ジオパーク国際ユネスコ会議　71
大地の遺産　15, 28, 39, 72
大地の恵み　49
竹島問題　149
縦割り行政　84, 88
多頭管理，多頭建設　74
多様な主体　127
地域おこし協力隊制度　47
地域学習の機会　185
地域学習の場　186
地域まるごと博物館　1, 28
地域力再生プロジェクト　56
地質学者　26
地質公園　15

地質用語　29
着地型観光　39, 155, 166, 180, 187
茶の文化館　177
中国国土資源部　73
中国ジオパークネットワーク（CGN）　74
地理学者　35, 54, 56
地理的技能　55
対馬グリーン・ブルーツーリズム協会　133
テーマパーク　86
島嶼観光　149

な行

永田浜ウミガメ観察ルール　118
二次災害　171
二次入園制度　84
日本ジオパーク委員会（JGC）　24, 71
日本ジオパークネットワーク（JGN）　21
入山規制　98, 99, 106
入島料　128
人間と生物圏（MAB）計画　18
ネイチャリング・プロジェクト　2
年票制度　83

は行

バイナリー発電　5
配布調査法　41
白雲山ジオサイト　79
パックツアー　141
発想の転換　186
発地型観光　39, 155, 166, 180
非移転性　148
東日本大震災　33, 167
ビジット・ジャパン・キャンペーン　131
非統制的な自由な発話　40
非日常性　155
ファシリテータ　30
フィールドパートナー　161
伏牛山世界ジオパーク　75, 77

負の遺産　156, 164
負のイメージ　92
ブランド　93, 125
星の文化館　177
ボトムアップ　34

ま行

マジックワード　22
まちづくり地域フォーラム・かごしま探検の会　1
みしまにあんプロジェクト　42
みしまカップヨットレース　44
三島村ジオパーク構想　41
水俣病　158
水俣フィールドパートナー　158
村丸ごと生活博物館　159, 162

や行

屋久島うみがめ館　118
屋久島町エコツーリズム推進協議会　122
山彦の会　59, 60
有償　2, 3, 87
ユネスコ　27
ユネスコエコパーク　18
ユネスコが行う生物圏保存地域（BR）　18, 19
ユネスコジオパーク計画　13

ら行

ラムサール条約　117
理科的な地域特性　21
リゾート開発　44
リゾートビレッジ　82
理論上の可能性　52
歴史地理学的重層性　64, 65

地名索引

天草御所浦ジオパーク（熊本県）　39
綾エコパーク（宮崎県）　18
安徽省（中国）　76
伊豆大島ジオパーク（東京都）　39
糸魚川ジオパーク（新潟県）　21
西表島（沖縄県）　122
雲仙市（長崎県）　5, 58
おおいた姫島ジオパーク（大分県）　39
大隅諸島（鹿児島県）　94
大台ヶ原・大峰山エコパーク（奈良県・三重県）　18
小笠原諸島（東京都）　93, 115, 125
隠岐ジオパーク（島根県）　39
奥日光（栃木県）　122
鹿児島市　2, 45
河南省（中国）　75, 78
上対馬地域（長崎県）　135
霧島市（鹿児島県）　4
熊野古道（和歌山県）　94, 105
黄山（中国安徽省）　76
薩摩硫黄島（鹿児島県）　40, 41
佐渡島（新潟県）　44
山陰海岸ジオパーク（鳥取県・兵庫県・京都府）　39
志賀高原エコパーク（長野県・群馬県）　18
島原半島ジオパーク（長崎県）　21
下対馬地域（長崎県）　132
白神山地（秋田県・青森県）　93
白川郷・五箇山（岐阜県・富山県）　94
知床（北海道）　93, 122
ストックホルム（スウェーデン）　12
只見エコパーク（福島県）　18

立山（富山県）　122
対馬（長崎県）　132
洞爺湖有珠山ジオパーク（北海道）　21
吐噶喇列島（鹿児島県）　134
永田浜（鹿児島県屋久島）　117, 118, 123
ヌビア地方（エジプト）　16
白雲山（中国）　82
白山エコパーク（石川県・岐阜県・富山県・福井県）　18
パリ（フランス）　12
比田勝港（長崎県対馬）　135
平泉（岩手県）　115
釜山（韓国）　132
北京（中国）　13
三島村（鹿児島県）　40, 52
水俣市（熊本県）　155, 163
南アルプスエコパーク（山梨県・長野県・静岡県）　18
室戸ジオパーク（高知県）　39
屋久島（鹿児島県）　2, 92-94, 109, 115, 125
屋久島エコパーク（鹿児島県）　18
八女市星野村（福岡県）　168, 169, 188
ヨハネスブルグ（南アフリカ）　13
ワシントン（米国）　13

著者紹介

深見　聡　ふかみ さとし　長崎大学環境科学部・准教授

1975 年，鹿児島市生まれ。1998 年，鹿児島大学理学部地学科卒業。2003 年，同大学院教育学研究科修士課程および 2006 年，同大学院人文社会科学研究科博士後期課程修了，博士（学術）。2001 年，NPO 法人まちづくり地域フォーラム・かごしま探検の会を設立，代表理事などを経て 2008 年より現職。専門は，観光学，観光地理学，地理・環境教育論。
主著:『鹿児島の史と景を歩く－街めぐり 14 コース－』（単著），南方新社，2004 年
　　　『地域コミュニティ再生とエコミュージアム』（単著），青山社，2007 年
　　　『観光とまちづくり－地域を活かす新しい視点－』（共編著），古今書院，2010 年
　　　『日本の地誌 10 九州・沖縄』（分担執筆），朝倉書店，2012 年
　　　『ジオツーリズム論－大地の遺産を訪ねる新しい観光－』（分担執筆），古今書院，2014 年

書　名	地域づくり叢書3 **ジオツーリズムとエコツーリズム**
コード	ISBN978-4-7722-4179-3
発行日	2014（平成 26）年 11 月 10 日　初版第 1 刷発行
著　者	**深見　聡**　Copyright　ⓒ2014　Satoshi FUKAMI
発行者	株式会社 古今書院　　橋本寿資
印刷所	株式会社 太平印刷社
製本所	株式会社 太平印刷社
発行所	**古今書院**　〒101-0062 東京都千代田区神田駿河台 2-10
TEL/FAX	03-3291-2757 ／ 03-3233-0303
振　替	00100-8-35340
ホームページ	http://www.kokon.co.jp/　　　　検印省略・Printed in Japan